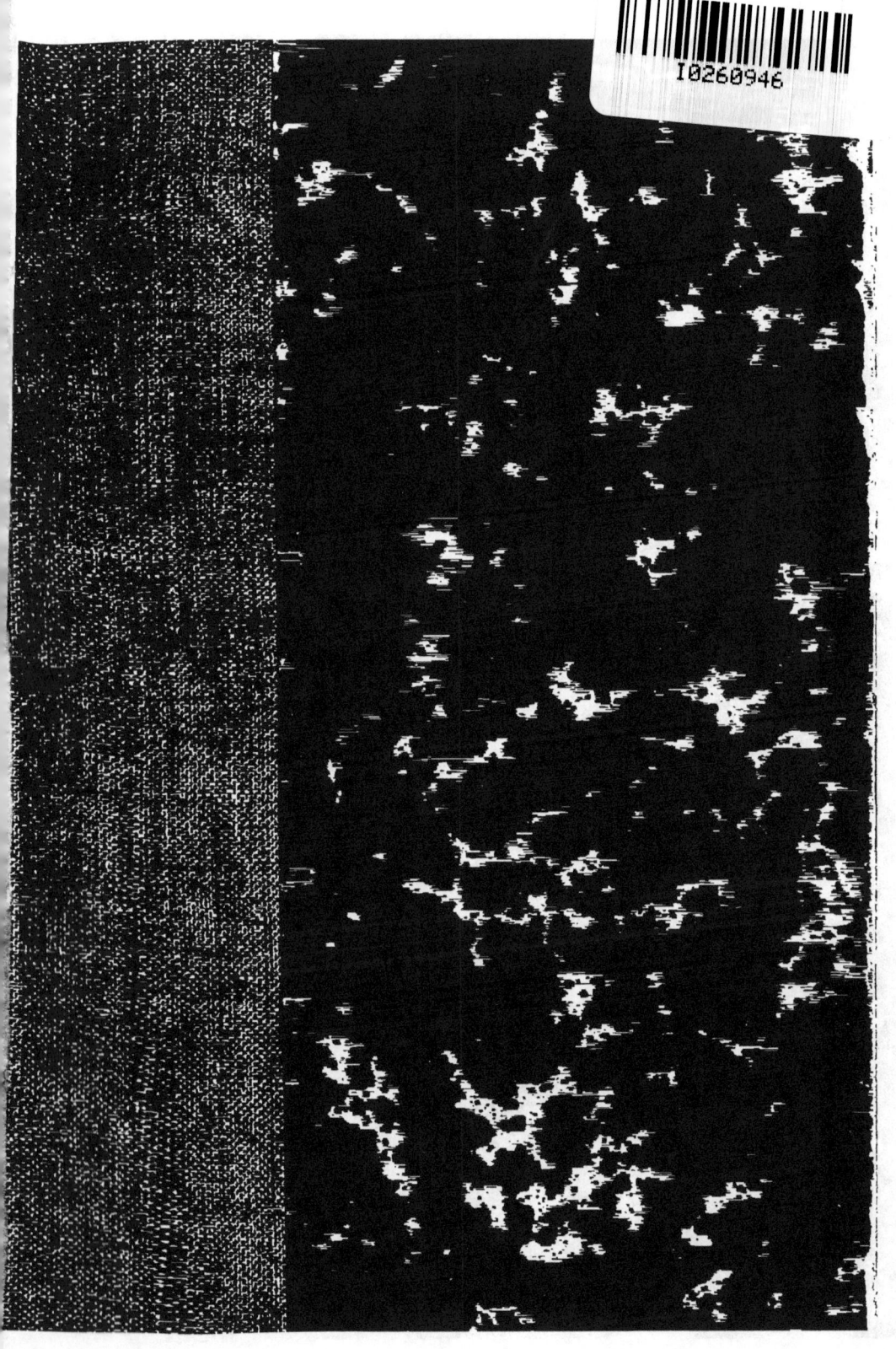

MÉMOIRES

D'UN

Conscrit de 1808

LES PRISONNIERS DE CABRERA

MÉMOIRES

D'UN

Conscrit de 1808

Recueillis et publiés

PAR

PHILIPPE GILLE

TROISIÈME ÉDITION

PARIS
VICTOR-HAVARD, ÉDITEUR
168, Boulevard Saint-Germain, 168

1892

Droits de traduction et de reproduction réservés.

AVANT-PROPOS

L'empereur Napoléon Ier s'arrêtant victorieux sur les champs de bataille au milieu de ses maréchaux, entouré de son état-major, saluant les glorieux blessés sous un dais de fumée, les grondements du canon, les tambours battant aux champs, les musiques militaires éclatant en fanfares triomphales, les drapeaux troués flottant dans les airs, voilà le spectacle sans pareil que nous offrent les récits légués par les officiers, les généraux, les grands personnages militaires de l'Empire; c'est l'apothéose toujours vue de face, qu'ils nous montrent sur ce théâtre homérique, fait de gloire et d'héroïsme.

Mais comment ont été édifiées ces apothéoses, et ce que nous dévoilent ces mémoires est-il bien tout ce qu'il y a à voir de ce théâtre sans pareil ? Ne serait-il pas aussi curieux de savoir ce qui se passe à l'envers du décor, de voir manœuvrer les humbles machinistes porteurs de si lourds fardeaux, qui de leurs vigoureuses épaules poussent à la roue de ces chars glorieux et qui, invisibles pour le public ont mérité autant que les premiers sujets, des applaudissements enthousiastes?

Voilà ce que nous diront les mémoires d'un simple fourrier qui, soldat à dix-huit ans, a vu et recueilli, tout ce que sa jeunesse lui permettait de voir et de recueillir et qui, écrivant pour lui-même seulement, se raconte, chaque jour, comme il raconte l'histoire de l'armée française et la vie intime du peuple espagnol. Car c'est un point très curieux de ce livre que la connaissance qu'il nous donne de la façon de vivre du soldat français avec les habitants d'un pays qu'il occupe militairement. Individuellement, Espagnols et Français font très bon ménage; on cause, on s'instruit l'un sur le pays de l'autre et réciproquement; on prend confiance; les jeunes filles sourient, les jeunes soldats s'attendrissent; les familles songent à un mariage ! Est-on fait pour se haïr, s'entretuer, quand les mains ne demandent qu'à se serrer et les cœurs à se rapprocher?... Mais le rappel bat, et au bout d'une heure de séparation, on se retrouve pour échanger des coups de fusil et se massacrer sans pitié.

C'est là, je le répète, un des côtés curieux et philosophiques de ce livre que j'ai tenu à faire sortir de l'obscurité que l'espèce de honte qu'un homme fait, pour qui diminue l'intérêt des choses de la terre, ressent en relisant ce qu'il a écrit alors qu'il n'avait que vingt ans. Nous, qui aujourd'hui sommes plus loin du tableau que son auteur, nous pouvons mieux le juger, et sans rêver pour lui de plus hautes destinées qu'il ne mérite, nous le croyons bon à figurer dans la collection de ces documents de toutes les époques, qui petits ou grands, seront également indispensables à celui qui voudra écrire consciencieusement l'histoire de la France.

Les mémoires qui suivent ont été rédigés d'après des notes éparses, à l'École de Saint-Cyr, par un fourrier devenu secrétaire des bureaux de cette école militaire, alors dirigée par le maréchal de camp, comte d'Albignac; il quitta l'école vers 1828, pour se marier et devenir un des magistrats les plus estimés de la ville de Paris; il y est mort, fait chevalier de la Légion d'honneur sous Napoléon III, en décembre 1863. Sa vie civile ne serait pas moins intéressante à connaître que sa vie militaire.

Pour revenir à ces mémoires, j'ai dit plus haut, l'intérêt, le charme que présentaient pour moi de pareils documents, j'ajouterai qu'ils sont pour ainsi dire, providentiellement faits pour servir de contrepoids aux documents officiels; ils sont comme une seconde épreuve qui a bien souvent rectifié des erreurs avec lesquelles on avait écrit l'histoire d'une époque. On sait, par exemple, pour ne nous occuper que de l'Espagne, avec quelle férocité les habitants de la péninsule traitaient nos soldats, non seulement quand ils les combattaient, mais même lorsque ceux-ci devenaient leurs prisonniers; on constate le fait et on maudit les Espagnols, sans savoir s'ils n'usaient pas de justes représailles.

J'ouvre un de ces cahiers et j'y lis comme

simple détail — il y en a bien d'autres — qu'à l'entrée de nos troupes victorieuses dans un village, une pauvre paysanne, afin de n'être pas suspecte, envoie au-devant des premiers soldats qui paraissent, son tout petit enfant avec des fruits dans le devant de sa robe ; un troupier français ajuste l'enfant et le tue de sang-froid. N'est-ce pas là une chose épouvantable et ne justifie-t-elle pas d'impitoyables vengeances? Je ne veux pas déflorer ces mémoires par une autre citation, mais j'ai tenu à signaler ce fait, hélas! trop concluant.

Enfant de Paris, curieux, avisé, le conscrit qui part, devançant ceux de sa classe pour remplacer ceux qui sont morts à Eylau, a eu l'idée de prendre des notes dès le premier jour de son service militaire et on peut, pendant sept ans, le suivre depuis Lille où il est incorporé, par toutes ses étapes, en France, en Espagne, dans les villages, les villes, les sierras, les embuscades, les combats, les batailles jusqu'à la capitulation de Baylen, sur les pontons de Cadix, pendant sa captivité dans l'île de Cabrera, sur les pontons anglais, jusque dans la prison de Porchester et enfin sur les rives de France, où il retrouve la liberté après les événements de 1814.

Un des points les plus intéressants de cette relation est certainement la détention que subit notre jeune fourrier dans l'île de Cabrera, de néfaste mémoire, où le pain arrivant plus qu'irrégulièrement — un grand nombre de prisonniers sont morts de faim — ceux qui chantaient le vaudeville dans un théâtre improvisé par eux, baissaient d'un ou deux tons par faiblesse d'estomac! on ne se plaignait pas autrement et l'insouciance mêlée d'espoir était le plus clair du menu des pauvres vaincus prisonniers.

Celui qui a écrit ces mémoires, et dont je ne dois pas mettre le nom en tête de ce volume, me racontait que, même enfermés dans cette île lointaine autour de laquelle croisaient des frégates canonnières, sentinelles toujours vigilantes, les Parisiens avaient trouvé moyen de fonder un journal! La gazette était manuscrite, bien entendu; on y lisait par exemple : que l'Empereur était accusé faussement d'oublier les prisonniers et cela systématiquement, que, bien au contraire, il s'inquiétait de leur sort : qu'on savait d'une source certaine que la prudence seule empêchait de désigner, que tels et tels mouvements militaires s'opéraient sur le continent, qu'on venait au secours des Cabrériens et que de grands événements allaient se passer dans la huitaine. Ceux qui lisaient la gazette, tout comme ceux qui l'écrivaient, savaient qu'il n'y avait pas un mot de vrai là-dedans, mais on se soutenait, on s'encourageait avec ces dépêches imaginaires. « On se prend aux objets faux quand les vrais vous défaillent. » Jamais cette pensée de Montaigne, ne reçut une plus complète application.

Je n'ai pas à insister sur l'intérêt historique de ces pages que je crois devoir livrer au public, et dont le manuscrit est resté près de trente ans entre mes mains sans que je l'aie jamais ouvert. C'est que les jours comme les ans sont brefs et que, quelque cher que me fut le souvenir de celui qui avait écrit ces cahiers, je n'avais pas trouvé l'instant de tranquillité qu'il me fallait pour les parcourir seulement. J'ajouterai que j'avais entendu bien souvent raconter cette

guerre et ses épisodes par celui qui l'avait faite, et que je ne croyais pas y trouver de récits nouveaux pour moi. Je me trompais grandement. De plus, car je veux tout avouer, je craignais, d'après ce que m'avait confié cent fois l'auteur lui-même, de les trouver un peu « rococo ». — « C'est singulier, me disait-il un
« jour (vers 1860), j'ai voulu relire quelques
« pages de mes mémoires, je les ai tout de suite
« refermés; je n'aurais jamais cru avoir écrit
« de cette façon-là; j'ai eu, en voyant mon
« style, l'impression que j'éprouverais si l'on
« me présentait un des chapeaux ou des vête-
« ments que je portais alors; c'est tout écrit de
« l'horrible style troubadour et déclamatoire de
« l'Empire et de la Restauration; je n'y jetterai
« certainement plus les yeux. Quand je pense,
« ajoutait-il en riant, que j'ai pu m'habiller
« comme cela! »

Eh bien! ce « rococo » je viens de le lire, et c'est justement lui qui constitue pour moi une grande partie du charme de ces mémoires, dont j'ai cru devoir respecter jusqu'aux négligences de style, retranchant pourtant des récits parasites qui me semblaient arrêter le récit. La mode du temps y est à chaque page, on revit une autre époque, on y sent partout la sincérité et, sous ces parures d'un goût démodé, je trouve, ce qui ne change jamais, l'homme lui-même, plein de droiture et de simplicité, brave sans gloriole, patriote surtout, tel que la nature l'avait fait, tel que j'ai eu le bonheur de le connaître en vivant à ses côtés.

J'aurais bien d'autres choses à dire sur les impressions que j'ai ressenties en lisant, pour la première fois, le manuscrit de ces mémoires, mais je ne veux pas y insister, sous peine de manquer à la promesse que je me suis faite de ne pas désigner autrement leur auteur que par le respect dû au premier et au plus sûr ami que l'homme puisse avoir ici-bas.

Philippe GILLE.

MÉMOIRES
D'UN
CONSCRIT DE 1808

I

DÉPART. — DE PARIS A LILLE. — ÉTAPES. — *Soliman II*, AU VILLAGE. — DE LILLE A SAINT-JEAN-DE-LUZ.

Les glorieuses victoires que le guerrier qui gouvernait la France remporta sur les puissances du Nord, dans les années 1806 et 1807, faisaient espérer qu'une paix durable devait en être la conséquence. Déjà le commerce florissait, des monuments s'élevaient de toutes parts pour transmettre à la postérité le souvenir de tant de brillants succès. Les arts, en général, semblaient prendre une nouvelle vie sous un règne qui commençait sous d'aussi heureux auspices; tranquille au dedans, redoutable au dehors, la France semblait devoir jouir longtemps du fruits de ses travaux.

A cette époque, la vie civile promettait à celui que la loi n'avait pas encore appelé à partager la gloire de nos armées, des avantages sans nombre; le droit qu'avaient tous les Français de pouvoir prétendre à tous les emplois n'était point illusoire, je le considérais comme le fruit le plus utile que nous ayons recueilli de notre longue Révolution; cet état de choses me faisait concevoir les plus flatteuses espérances.

On voit donc, par ce que je viens de dire que je ne désirais pas entrer dans la carrière des armes. L'avenir présentait à mon imagination la plus agréable perspective, mais un sénatus-consulte organique rendu le 7 avril 1807, en ordonnant la levée immédiate de la conscription de 1808, vint renverser tous les plans que j'avais conçus.

Cette nouvelle inattendue jeta ma famille dans la désolation, mon père, qu'une attaque de paralysie avait depuis plusieurs mois privé de l'usage de la parole, faillit succomber à la douleur qu'il en ressentit. Je tâchais de les consoler en les flattant que le sort pouvait me favoriser, mais intérieurement, je ne m'abandonnais pas à cette espérance. Je parus donc résigné autant qu'il me fût possible, et cet effort que je fis sur moi-même fit que mes parents attendirent, avec une anxiété moins cruelle, l'instant qui devait décider de ma destinée.

Ce jour arriva. Je me rendis, accompagné de ma mère à l'Hôtel de ville, où se trouvaient déjà réunis un grand nombre de jeunes gens. Le préfet, les autorités civiles et militaires étaient présents. Le tirage commença. On fit approcher, suivant l'usage prescrit, tous ceux qui devaient y avoir part ; mon tour vint et le numéro 99 que je sortis du sac et que l'on proclama, me présagea que le séjour qui me restait à faire au sein de ma famille ne serait pas de longue durée. On me demanda si j'avais quelques infirmités à faire valoir ; sur ma réponse affirmative, on me fit passer au conseil de santé réuni dans une pièce.

Ma faiblesse de constitution me laissait encore un rayon d'espoir ; plusieurs officiers de santé opinèrent pour que je fusse réformé, d'autres pour que je fusse seulement ajourné, mais un diable d'homme qui se trouvait là, et dont l'autorité était, paraît-il, d'un très grand poids, ajouta : qu'à la vérité j'étais faible de complexion, mais cependant, qu'étant sain comme je l'étais, il n'y avait pas d'inconvénient à me faire porter les armes ; aussi, comme par déférence à son avis, ces messieurs me déclarèrent, à l'unanimité : « Bon pour le service ». Je sortis en les envoyant à tous les diables. Quand je fus dehors, je trouvai ma mère qui m'attendait près du vestibule, je ne pus lui cacher le résultat de l'opération qui venait d'être faite, ses larmes coulèrent, je tâchai de retenir les miennes pour la consoler, mais j'y parvins bien difficilement.

Je reçus peu de temps après l'ordre du départ. J'étais désigné pour faire partie du 82ᵉ régiment d'infanterie de ligne. Je tâchai de me faire admettre dans le 6ᵉ régiment de hussards, où j'avais un de mes amis ; ne pouvant y parvenir, je sollicitai pour entrer dans la 5ᵉ légion de réserve, qui s'organisait à Grenoble, sous les ordres du sénateur Valence. On sait qu'à cette époque, par suite d'un décret impérial, daté du camp d'Ostende, le 20 mars 1807, il se forma cinq légions semblables : la 1ʳᵉ, à Lille ; la 2ᵉ, à Metz ; la 3ᵉ, à Rennes ; la 4ᵉ, à Versailles, et la 5ᵉ à Grenoble.

Le général Lacuée, directeur de la conscription militaire, à qui je m'adressai, accéda, sans difficulté, à la demande que je lui fis, mais à peine étais-je muni de mon bulletin d'enregistrement, que je rencontrai un ancien compagnon de mon enfance; Golvin, dont j'aurai plus d'une fois occasion de citer le nom dans le cours de cet ouvrage, que je n'avais point vu depuis longtemps, s'informa de la position dans laquelle je me trouvais relativement à la conscription, je le renseignai ; sa situation était la même que la mienne. Il m'apprit qu'il devait partir incessamment pour la 1ʳᵉ légion qui se formait à Lille, et m'engagea à tenter une démarche auprès du capitaine de recrutement à l'effet de me faire inscrire sur le contrôle des conscrits qu'on devait sous peu de jours diriger sur ce corps. Ce fut l'affaire d'un moment, je fus inscrit et en même temps prévenu que je devais me présenter au Temple, avec mon bagage, le 11 juin, pour y passer la revue de départ.

Je rentrai aussitôt pour donner cette nouvelle à mon père et à ma mère. Il est inutile de dire l'effet que produisit sur eux l'idée de notre prochaine séparation. Je fis de mon mieux pour les y préparer; nous procédâmes à l'achat des divers objets qui m'étaient nécessaires; mon havre-sac fut bientôt prêt et l'instant si redouté arriva.

Je vins près de mon père pour lui faire mes adieux, hélas! mon cœur était serré; je ne pouvais articuler un seul mot. Mon père, qui, comme je l'ai dit ci-dessus, était depuis plusieurs mois privé de l'usage de la parole, me conduisit auprès de son secrétaire, et là, ayant pris une plume, il me traça, d'une main tremblante, cet adieu qui, disait-il, devait être éternel.

Je sortis enfin de la maison, accompagné de mon jeune frère alors âgé de douze ans, et de quelques amis qui voulurent bien m'accompagner jusqu'aux barrières de Paris. Avant de tourner le coin de la rue qui devait dérober à mes yeux la maison paternelle, je les portai encore une fois du côté où je laissais les objets de mes plus chères affections; mon père et ma mère étaient à la croisée, d'où ils me suivaient du regard. Je leur fis un dernier signe d'adieu, auquel ils répondirent et bientôt, le cœur navré de douleur et de regret, je les perdis de vue.

Nous fûmes bientôt arrivés au Temple, lieu du rassemblement; près de trois cents jeunes gens destinés, ainsi que moi, à faire partie de la 1ʳᵉ légion de réserve, y étaient déjà réunis. On ne tarda pas à se mettre en marche.

Je sortis de Paris par la porte Saint-Martin ; arrivés au Bourget, nous déjeunâmes, et à la sortie de ce village, je priai mon frère et ceux de mes amis qui m'accompagnaient de ne pas aller plus loin. Cet enfant était demeuré comme pétrifié sur le milieu de la route, les deux bras tendus vers moi, et j'étais déjà bien loin, qu'il n'avait pas changé d'attitude ; cependant je le perdis de vue, des larmes vinrent enfin me soulager, et après avoir donné ce dernier tribut à la tendresse je me rapprochai de mes compagnons de voyage et je continuai ma route.

ITINÉRAIRE DE LA ROUTE QUE J'AI SUIVIE DE PARIS A LILLE

DATES	NOMS des Villes	DATES	NOMS des Villes	DATES	NOMS des Villes
	Paris.	13 juin	Gournay.	16 juin	Cambray.
11 juin	Louvres.	14 —	Roye.	17 —	Douai.
12 —	Senlis.	15 —	Péronne.	18 —	Lille.

L'officier qui commandait le détachement paraissait avoir une trentaine d'années; il était d'un extérieur agréable. Je trouvai, pendant le chemin, l'occasion de lier conversation avec lui, et je vis que son instruction répondait à l'idée avantageuse que je m'en étais faite. Il parut flatté, autant que moi, d'avoir rencontré quelqu'un avec qui il pût faire société tant que devait durer le voyage. Les soins de son détachement l'obligèrent en approchant de Louvres à rompre l'entretien, après nous être promis de nous revoir le lendemain.

Nous entrâmes dans Louvres, bourg situé à huit lieues de Paris; un sous-officier, ancien militaire, nous distribua des billets de logement, et nous annonça qu'il allait être fait une distribution de pain de munition; beaucoup d'entre nous aimèrent mieux le lui laisser, que de prendre la peine de s'en charger, ce dont il s'accommoda fort bien; nous reçumes nos billets; le mien était pour seize hommes et au nom d'un nommé Delahaye, cultivateur. Je ne prévoyais pas, non plus que Golvin, que nous pourrions être fort mal logés et que nous aurions pu y remédier en nous assurant un lit dans une auberge, mais la pensée nous en vint trop tard, car, partout où nous nous présentâmes on nous dit qu'ils étaient tous retenus. Nous allâmes donc à la ferme du cultivateur qui devait être notre hôte. Je lui demandai de nous faire conduire dans la chambre qui nous était destinée;

cette demande le fit sourire, il fit signe à un garçon de ferme, qui, après nous avoir fait traverser une cour pleine de fumier et de mares d'eau croupie, poussa la porte d'une étable, dans laquelle je vis, étendus, les quatorze compagnons qui m'étaient accolés et auxquels j'avais remis le billet, pour aller chercher une auberge.

Ce n'est pas que je me crusse plus que le Fils de Dieu, qui avait bien voulu naître dans une étable, mais je trouvais que c'était fort mal débuter que d'en avoir une pour appartement, le jour même où je quittais la maison paternelle. Ce n'était pas tout, il fallait y coucher sur la terre, et au milieu d'une société qui ne me plaisait pas. Je remarquai que, comme on le dit, les plus nombreuses compagnies ne sont pas toujours les meilleures ; les manières et le ton de plusieurs d'entre les *camarades*, ne me plaisaient donc pas du tout. Cependant je fus assez prudent pour ne pas le faire paraître. Désirant ne point passer la nuit aussi mal, je priai Golvin de rester auprès de mon sac que j'avais posé à terre et je sortis pour aller trouver l'hôte. Je le priai de me donner, pour moi et mon ami, un gîte plus commode. Il m'affirma qu'il n'en avait pas d'autre, et je lui demandai de nous mettre dans sa grange et de nous donner des draps. Après quelques difficultés il se décida enfin à m'accorder ce que je lui demandais, sous la condition de n'en pas parler aux autres. Je le lui promis, et aussitôt je me vis installé sur un tas de dix à douze mille bottes de paille. Je courus chercher Golvin qui se réjouit du succès de mon entreprise.

Nous soupâmes avec du laitage, en vrais Parisiens, après quoi nous tâchâmes de trouver le repos et le sommeil sur ce lit si nouveau pour nous; mais ce ne fut que très avant dans la nuit que nous pûmes nous endormir. Nous y parvînmes pourtant, mais notre sommeil ne dura pas longtemps, car à la pointe du jour, nous fûmes éveillés par le bruit qui se faisait dans la ferme. Nous nous levâmes; Golvin en descendant du lit, se laissa tomber de vingt pieds de hauteur environ, heureusement il en fut quitte pour la peur; la grande quantité de paille qui se trouvait au-dessous le garantit de toute espèce de contusion.

Nous rîmes de ce petit accident, puis nous partîmes faire un tour de promenade, jusqu'au moment de nous mettre en marche. Quand nous fûmes sortis de Louvres, nous approchâmes de l'officier, qui nous demanda comment nous avions passé la nuit. Je lui racontai ce qui nous était arrivé; il nous assura que dorénavant nous n'éprouverions plus un tel désagrément. En effet, depuis ce jour, il nous fit choisir par le sous-officier qu'il envoyait en avant, des billets pour les meilleurs logements et nous engagea à l'aller voir le soir quand nous serions arrivés dans une ville. Nous prîmes depuis ce moment tous nos repas avec lui et deux autres jeunes gens dont l'un nommé Haquin était employé au Ministère de la Guerre et l'autre nommé Rébard était commis marchand.

Nous ne pûmes jamais faire consentir cet officier à ne point participer à notre dépense, il accepta seulement le dîner que nous lui offrîmes en arrivant à Roye, mais ne voulant pas demeurer en reste avec nous, il nous obligea à aller prendre avec lui le punch et la liqueur dans un café voisin. Là nous apprîmes qu'il y avait à Roye, une salle de spectacle et que des artistes ambulants allaient y donner le soir même, une représentation de *Soliman II* ou *Les Trois Sultanes;* il fallut encore consentir à ce qu'il payât les cinq billets de première, qu'il envoya chercher par une domestique de la maison. Le théâtre était situé dans une ruelle, dans un bâtiment de très mince apparence; la salle était au premier étage... on y arrivait par un escalier de bois dont la solidité était fort douteuse. En vain nos yeux cherchaient à découvrir l'orchestre, nous nous en prenions à l'obscurité... Bientôt six bougies, à qui tout le monde eût donné le nom de chandelles, furent allumées et placées dans la salle; l'avant-scène se trouva tout à coup éclairée, non par enchantement, mais au moyen de quatre lampions, qu'un petit garçon fort sale vint y placer. Après le signal d'usage donné par trois coups de pieds, la plus douce mélodie se fit entendre derrière la toile.

Cependant le rideau se leva, et au silence qui régnait alors succéda bientôt un bruit confus de ris immodérés qu'avait fait naître la vue des Turcs de Roye. — Soliman II en pantalon et veste de nankin, le col de la chemise rabattu sur les épaules, ayant pour ceinture un schall d'indienne qui, l'on n'en pouvait douter, servait depuis longtemps de parure de ville et de théâtre à la jeune première ; la tête couverte d'un chapeau rond, très étroit de bords, entouré d'un mouchoir de couleur, et surmonté d'un croissant en fer-blanc, s'efforçait, mais en vain, de nous paraître ce successeur de Mahomet, si célèbre par sa magnificence et sa galanterie. Les sultanes en costumes de grisettes ne produisaient guère plus d'illusion, et la suite du prince et des princesses ne dérogeait en rien à la majesté des principaux personnages. Je ne sais si la pièce aurait pu aller jusqu'au dénouement, mais un événement inattendu l'en empêcha. Au moment le plus pathétique, une petite flûte fit entendre dans la salle, l'air si connu « Je n'tai jamais vu comm' ça, Dieu qu't'es belle, etc. », Dès cet instant, il n'y eût plus moyen d'entendre les acteurs ; les applaudissements étaient prodigués au perfide instrument ; le public continua les paroles de l'air si fatal. Le sultan se dépitait, des larmes coulèrent des yeux de la charmante Roxelane, et ce fût au milieu de ce tapage que l'on fut obligé de faire descendre le rideau.

La tranquillité rétablie nous fîmes nos adieux à la troupe comique et prîmes le chemin de notre demeure ; avant de nous quitter, le lieutenant me pria de prendre l'avance sur le détachement qui devait se rendre à Péronne le jour suivant, afin de faire préparer, de concert avec un sous-officier, les billets de logement nécessaires. Ce dernier avait mon adresse et devait venir m'éveiller.

Le lendemain, voyant le jour et n'ayant entendu personne, craignant de me rendormir je descendis et me mis en route avec sécurité. Je marchais assez doucement, pour donner le temps au sous-officier de me rejoindre; cependant j'avais déjà fait deux lieues et je ne voyais venir personne qui ressemblât à mon vieux sergent, quand un particulier qui voyageait à pied m'accosta et me demanda si je pensais que nous fussions encore bien éloignés d'Amiens. Sa demande me surprit. — Vous n'êtes point sur le chemin qui y conduit, lui dis-je, cette route est celle de Péronne; — il parut un peu étonné, et se hâta de rétrograder après m'avoir remercié. Ayant aperçu quelques maisons devant moi, et me sentant déjà fatigué, je doublai le pas dans l'intention d'aller y chercher de quoi me rafraîchir et me reposer, en attendant celui qui devait être mon compagnon de voyage.

Quand je fus près des habitations, je demandai à un villageois qui cultivait son champ, à quelle heure je pensais arriver à Péronne. Ma question le fit rire ; j'allais me fâcher, lorsqu'il me dit que c'était sans doute à Amiens que je voulais dire, puisque je tournais le dos à la ville de Péronne ; je me rappelai le voyageur que j'avais si bien renseigné une demi-heure auparavant !

Le soir, nous nous embarquâmes sur un des petits bateaux dont les larges fossés de cette ville étaient couverts, et nous allâmes prendre terre à un petit village dont on célébrait la fête. Nous y passâmes une couple d'heures à faire danser de très jolies Picardes, après quoi nous rentrâmes dans nos embarcations qui s'éloignèrent du rivage au son des instruments dont chacun de nous avait fait emplette à la foire que nous venions de visiter.

Le lendemain nous allâmes coucher à Cambray, capitale du Cambrésis.

Nous allâmes à Douai le jour suivant. On me parla dans mon logement d'une grande kermesse (nom des foires en Flandre) qui devait avoir lieu incessamment, et où l'on promène en grande pompe les effigies de

Gayant et de sa famille. Naturellement curieux, j'engageai mon ami Golvin à m'accompagner au lieu où l'on pourrait voir ces illustres personnages ; je n'eus pas de peine à l'y décider. Nous trouvâmes facilement le bâtiment où l'on nous montra plusieurs figures gigantesques représentant Gayant, son épouse, ses fils et ses filles.

Le lendemain, 18 juin, nous arrivâmes à Lille, qui était le but de notre voyage. Nous y entrâmes, ayant à notre tête un tambour-major, deux tambours, huit sapeurs et une vingtaine de musiciens, tous conscrits faisant partie du détachement. C'est à Senlis que s'était formé ce petit état-major au moyen d'une souscription ; un fort joli drapeau aux couleurs françaises se faisait remarquer au milieu de nos rangs. Les cris mille fois répétés de : « Vive l'Empereur ! » ne cessèrent de se faire entendre que lorsque, rangés en ordre de bataille, devant l'hôtel du major de la légion, le chef du détachement prescrivit le silence. Bientôt le major parut et témoigna sa satisfaction à l'officier sur la beauté du détachement qui, pour être aussi nombreux, était cependant arrivé complet à sa destination, tandis que d'autres, beaucoup plus faibles, avaient perdu, par la désertion, jusqu'au tiers de leur monde.

Après avoir été subir la visite des officiers de santé du régiment, à l'hôpital du lieu, nous reçûmes des billets de logement pour ce jour seulement, notre incorporation devant avoir lieu le lendemain.

Ce jour-là on nous conduisit à la caserne dite des Buisses où se trouvait les cadres des trois premiers bataillons de la légion. Là, malgré notre demande de n'être point séparés, Golvin fut mis dans la première compagnie du second bataillon, et moi je fus placé dans la cinquième compagnie du troisième. Avant de nous quitter notre lieutenant nous fit promettre d'aller déjeuner avec lui le lendemain; il invita également nos deux nouveaux camarades Haquin et Rebard. Je me rendis alors à la chambrée.

Monsieur le caporal, très brave homme d'ailleurs, mais qui se croyait un personnage très important, daigna m'adresser la parole avec un ton de protecteur; il me demanda si je savais lire, je lui répondis affirmativement et j'ajoutai que même, au besoin, je savais écrire. Il parut satisfait et étonné en même temps, et m'annonça qu'il allait m'adjoindre à lui pour les détails de son escouade. En effet, il désigna deux hommes pour la corvée et me chargea de les conduire, à l'effet de leur faire apporter des légumes secs et des vases de terre, à l'usage de notre table. Nous fûmes bientôt de retour, et mon intelligence parut surpasser son attente.

Dans l'après-midi du même jour, M. le caporal me

demanda si cela me conviendrait de travailler au bureau du major, ajoutant qu'il pourrait lui parler en ma faveur; c'est alors que je le crus véritablement un homme important; je le remerciai de ses bonnes dispositions pour moi, en l'assurant que j'étais disposé à faire tout ce qu'il jugerait convenable; il m'offrit de me conduire de suite chez ce supérieur. J'acceptai avec plaisir; je voulus faire un doigt de toilette, M. le caporal me répondit que c'était chose inutile; je fus un peu étonné, je ne répliquai pas cependant.

Je suivis mon protecteur; nous ne prîmes pas, comme je m'y attendais, le chemin de la place d'armes où j'avais vu la veille le major de la légion; nous traversâmes seulement la cour de la caserne et après avoir monté un escalier assez étroit nous entrâmes dans une chambre semblable à celle des soldats où nous trouvâmes un peu moins de lits, une grande table couverte de papiers et un homme en chemise qui écrivait. Sa cravate qui était ôtée laissait voir une barbe noire et épaisse qui lui descendait jusqu'à la ceinture. — Si c'est là, pensai-je, un des secrétaires du major, je le félicite de son choix.

M. le secrétaire parut ne pas s'être aperçu de notre entrée dans son bureau; j'augurais assez mal de sa politesse, mais qu'on juge de ma surprise lorsque je vis M. le caporal s'arrêter à cinq ou six pas de distance et porter la main renversée à son schako; en disant : — Major, voici le jeune homme dont je vous ai parlé. — Le sergent-major, car c'était lui, auquel par abréviation on donnait ce titre de major qui avait causé mon erreur, leva enfin la tête, me toisa de la tête aux pieds et me demanda si je me croyais en état de travailler avec lui. Je lui répondis que je ferais tous mes efforts pour le satisfaire et que dès ce moment il pouvait me mettre à l'épreuve. Le sergent-major me fit placer auprès de lui et me donna à copier un tableau de la compagnie, divisé par sections, subdivisions et escouades, je m'en tirai à sa satisfaction.

Il parut enchanté de m'avoir rencontré et me prévint que dès ce moment je serais exempté de toute espèce de service tels que, garde, corvée, etc., si je voulais partager les travaux de son bureau ; ce projet entrait trop bien dans mes vues pour que je n'acceptasse pas sur l'heure une offre aussi avantageuse. Le sergent-major donna l'ordre au caporal de faire apporter immédiatement chez lui un des lits de sa chambrée, lui donnant à entendre qu'étant peut-être appelé à de plus hautes destinées, il jugeait nécessaire que je n'eusse point de fréquentation avec les soldats. Le soir même, je fus présenté par lui au capitaine commandant de la compagnie, qui m'accueillit très favorablement. Son épouse surtout jeta sur moi plusieurs coups d'œil que mon petit amour propre jugea n'être pas à mon désavantage.

Je fus nommé fourrier le 15 juillet. L'effectif de la légion augmentait considérablement. On avait été obligé, peu de jours après mon arrivée, de transférer à la caserne de la Magdeleine, le troisième bataillon, dont je faisais partie. Le travail de bureau croissait en proportion du nombre des soldats qui arrivaient, et m'obligeait souvent à passer la nuit; joint à cela l'exercice, auquel je fus obligé d'aller, pendant plus de deux mois, deux fois par jour, et l'on comprendra l'augmentation de dégoût que j'éprouvais pour l'état militaire. Heureusement, l'épouse de mon capitaine prenait toujours à moi le plus vif intérêt et désirant me distraire, m'obtenait souvent des permissions de son mari, pour la conduire au spectacle. Ces marques de bienveillance ne plaisaient pas beaucoup à mon sergent-major, mais il fallait bien qu'il s'en accommodât; d'ailleurs il se serait bien gardé d'en témoigner aucun mécontentement dans la crainte de s'attirer la haine de madame, dont il connaissait tout l'ascendant sur l'esprit de son mari.

Quelques jours après l'Empereur décréta que les deux premiers bataillons de chacune des cinq légions devaient être dirigés sur Bayonne.

Cet événement nous occasionna beaucoup d'occupations. On compléta de suite les deux premiers bataillons qui quittèrent Lille le 18 octobre. C'est avec peine que je vis partir mon ami Golvin duquel je désirais tant ne pas être séparé, mais cette séparation ne devait être que momentanée. Aussitôt que nos deux premiers bataillons eurent quitté la garnison, on fit transférer le troisième bataillon à la caserne, dite des Malades, située près la porte de Paris. A peine étions-nous installés que le départ de notre bataillon fut décidé et le départ fixé au 28 du mois courant. Nous reçûmes en partie le quatrième bataillon pour compléter le nôtre au nombre de cent quarante hommes par compagnie, y compris les trois officiers. Les officiers que leur âge ou leurs infirmités firent juger hors d'état d'entrer en campagne, furent remplacés; mon capitaine fut de ce nombre, il daigna me recommander à M. Big, qui lui succédait dans le commandement de la compagnie.

Nous quittâmes Lille le 28 octobre 1807 à six heures du matin, de même que les deux premiers bataillons, le nôtre était dans la plus belle tenue; nous emportâmes les regrets des habitants de la ville avec lesquels nous avions toujours entretenu la plus parfaite intelligence.

2.

ITINÉRAIRE DE LA ROUTE QUE J'AI SUIVIE DE LILLE A BAYONNE

DATES	NOMS DES VILLES	Distances	DATES	NOMS DES VILLES	Distances
	De Lille.	kil.		De ci-contre.	kil.
28 oct.	Béthune.......			*Report*......	
29 —	Saint-Pol.......		20 et 21	Poitiers (séjour)..	
30 —	Hesdin.........		22 —	Couhé.........	
31 —	Abbeville (séjour).		23 —	Ruffec.........	
1 nov.			24 —	Mansle........	
2 —	Blangis........		25 —	Angoulême.....	
3 —	Neufchâtel.....		26 —	Barbezieux.....	
4 —	Cailly.........		27 —	Montlieu-Lagarde.	
5 et 6	Rouen (séjour)...		28 —	S.-And.-de-Cubzac	
7 —	Louviers.......		29 —	Bordeaux.......	
8 —	Evreux........		30 —	Castres........	
9 —	Dreux.........		1 déc.	Langon........	
10 et 11	Chartres (séjour)..		2 —	Bazas.........	
12 —	Bonneval......		3 —	Captieux.......	
13 —	Cloye.........		4 —	Rocfort........	
14 —	Vendôme......		5 —	Mont-de-Marsan..	
15 —	Château-Regnault		6 —	Tartas.........	
16 et 17	Tours (séjour)....		7 —	Dax...........	
18 —	Sainte-Maure....		8 —	Saint-Vincent...	
19 —	Châtelleraut.....		9 —	Bayonne (séjour)..	
	A reporter...			Total......	

Je passerai rapidement sur ce voyage qui n'eut rien d'intéressant ; je me contenterai de dire que les premières journées me parurent très pénibles, mais comme je me débarrassais en mettant avec les équipages de la compagnie tout ce qui pouvait me charger, ayant d'ailleurs avec moi un soldat qui portait toute ma comptabilité, je me trouvai bientôt en état de faire la route sans éprouver une trop grande fatigue et, à cela près que pendant six semaines que nous mîmes à traverser la France, la pluie fut constamment notre fidèle compagne, je fis un voyage très agréable; les meilleurs logements étaient les miens et je fus convaincu que les fourriers étaient les plus heureux d'entre les sous-officiers; j'ajouterai que souvent leur sort est envié, même des officiers.

Nous fîmes séjour dans les villes d'Abbeville, Rouen, Chartres, Tours et Poitiers; depuis cette dernière ville nous marchâmes sans arrêter, en vertu d'ordres qui nous arrivèrent à Angoulême, jusqu'à Bayonne, notre destination.

Arrivés à Bordeaux, nous nous occupâmes de nous faire indiquer les meilleures maisons, c'est-à-dire celles où les propriétaires préféraient rembourser le logement en argent; on donnait ordinairement trois francs par jour et par homme, et comme il n'y avait pas de compagnie où il n'y eût au moins dix ou douze hommes en permission, on peut en conclure que le passage de la légion dans cette ville, fut très avantageux pour les fourriers. Quant à moi, les dépenses que j'avais faites furent couvertes et au delà.

Nous nous rendîmes ensuite sur le port où le bataillon venait d'arriver sur la rive opposée. La

Garonne fut en un instant couverte de barques remplies de soldats, le soleil qui se trouvait en ce moment sans nuages et dont les rayons étaient réfléchis par les armes, offraient un charmant coup d'œil aux Bordelais rassemblés sur le port. Nous reçûmes nos compagnies à leur débarquement et nous nous retirâmes après les avoir logées. Le lendemain, nous quittâmes cette superbe ville pour entrer dans les Landes, contrée où les habitants couverts de peaux de mouton et grimpés sur de hautes échasses ressemblent plutôt à des géants sauvages qu'à des Français dont la tournure élégante est ordinairement offerte pour modèle.

Dax est la seule ville qui me reste à citer de ce voyage.

Je fus logé chez un vieux magistrat qui était en ce moment à Mont-de-Marsan, chef-lieu du département. Je fus reçu par la jeune épouse de ce juge ; c'était bien la plus jolie petite personne que l'on puisse s'imaginer. Il fallut m'arracher, dès le lendemain, de ce nouvel Eden.

La pluie et la grêle tombaient avec violence quand je me mis en route, non sans avoir reçu et donné le baiser d'adieu. Je m'acheminai tristement comme on le pense, vers Saint-Vincent, mauvais village au milieu des Landes, où nous ne pûmes rien nous procurer, même avec de l'argent.

Nous entrâmes dans la ville de Bayonne le 9 du mois de décembre 1807. Derrière cette ville on apercevait, en amphithéâtre, les montagnes des Pyrénées, dont la cîme semblait se perdre dans les nues. Je voyais avec plaisir une cité où nous allions goûter un peu de repos après d'aussi longues fatigues. Je fus logé avec M. Buron, mon sergent-major, chez un ancien capitaine de marine marchande, qui, à la suite d'un voyage de long cours, avait totalement perdu la vue. On avait pour nous toutes sortes d'égards. J'y répondais par quelques complaisances : la lecture des journaux que je faisais à cet infortuné était pour lui le plus grand plaisir. Je conversais volontiers avec lui lorsque mes occupations me laissaient un instant de loisir. La mère de ce brave homme ne savait comment reconnaître les attentions que j'avais pour son fils. Tout, dans la maison, était à ma disposition, la domestique avait ordre d'obéir à tout ce que je lui prescrirais et même de prévenir jusqu'à mes désirs.

Il y avait déjà neuf jours que j'étais dans cet agréable logement lorsqu'un soir à dix heures, j'entendis battre à l'ordre pour les sergents-majors. Le mien, qu'une ivresse complète avait forcé de se mettre au lit, ne pouvant s'y rendre, me chargea d'y aller à sa place. A peine fûmes-nous réunis que l'on nous prescrivit de faire savoir dans nos compagnies respectives que le départ du bataillon devait avoir lieu le lendemain à cinq heures du matin. De retour à mon logement, j'y donnai cette nouvelle et parvins à faire prévenir tous les soldats de la compagnie au moyen de ceux qui logeaient près de moi que je chargeai de ce soin. Mon hôtesse, qui avait pris autant d'affection pour moi que d'antipathie pour M. Buron, me donna, les larmes aux yeux, de nouveaux conseils sur la manière de me comporter avec les Espagnols, que je ne devais pas tarder à connaître et desquels, disait-elle, on devait autant redouter la haine qu'espérer de l'amitié.

Le 19 décembre à six heures du matin, après avoir reçu des cartouches, ce qui ne m'annonçait rien de bon, je quittai Bayonne, prenant l'avance sur le régiment afin d'aller, comme de coutume, faire le logement de ma compagnie; je rejoignis les fourriers avec lesquels j'arrivai à Saint-Jean-de-Luz.

Cette ville est la dernière de France, je la considérais presque comme étrangère, le langage de ses habitants m'étant entièrement inconnu. Ce ne fût qu'après avoir éprouvé beaucoup de peine que l'on parvint à loger la troupe; les habitants ne nous comprenaient point, ou prenaient un malin plaisir à nous faire promener d'un bout de la ville à l'autre, puisqu'il est certain que plusieurs soldats virent paraître le jour avant d'avoir pu trouver le logement qui leur était désigné par les autorités.

Bien fatigué, j'arrivai dans le mien avec le sergent-major et les quatre sergents de la compagnie. Nous fîmes comprendre par notre pantomime que nous avions besoin de souper. Après avoir attendu avec un appétit qui promettait de faire honneur à la table, nous vîmes apporter le potage tant désiré ; mais qu'on se figure notre étonnement à la vue d'un mets qui semblait avoir été saupoudré avec du vermillon. Le besoin cependant nous détermina à y goûter ; mais à peine en eûmes nous porté à notre bouche qu'on eût dit qu'un feu brûlant dévorait nos lèvres.

M. Buron, dont on connaît la bonté et dont on va juger de la patience, entra dans une colère terrible et jeta son assiette et ce qu'elle contenait à la tête de la pauvre femme qui paraissait attendre de notre part des compliments sur sa cuisine. Son mari et ses fils, à ce qu'ils nous parurent être, et qui jusque-là s'étaient tenus enveloppés dans leurs manteaux, dans un coin de la salle, voulurent se précipiter sur l'agresseur. M. Buron tira son sabre et la rixe eut pu avoir des suites fâcheuses si mes camarades et moi ne les eussions séparés. Le calme rétabli, je parvins à savoir que ce qui avait paru être un poison, n'était autre chose que du piment (poivre d'Inde ou poivre long pulvérisé) et que, de même que les Espagnols, les habitants de Saint-Jean-de-Luz employaient avec profusion pour assaisonner leurs aliments. La paix se cimenta le verre à la main et bientôt après nous allâmes chercher dans le sommeil un repos que les fatigues de la journée nous avaient rendu nécessaire.

Le jour parut, et je pris la route d'Irun. Entre cette dernière ville et Saint-Jean de Luz, et à peu près à moitié chemin, coule une petite rivière nommée la Bidassoa, sur laquelle est construit un pont dont la moitié fait partie du territoire français et l'autre moitié appartient au royaume d'Espagne. Un bureau des douanes des deux gouvernements est établi à chaque extrémité de ce pont. Un poteau placé au milieu du pont indique la ligne de démarcation.

11

EN ESPAGNE. — CHEZ L'HABITANT. — INCIDENTS. — BURGOS. — VALLADOLID. — PROJETS DE MARIAGE. — SÉGOVIE. — MADRID. — ARANJUEZ. — HOSTILITÉS. — COMBATS.

Je suis donc en Espagne; je me propose d'observer avec attention tout ce que ce pays m'offrira de digne d'être remarqué, d'étudier le caractère et les mœurs des peuples des diverses provinces que je suis destiné à parcourir, toutefois autant que cela sera en mon pouvoir, et de faire tourner à mon avantage le fruit de mes observations. C'est en formant ces projets que j'entrai dans Irun, première ville d'Espagne.

Lorsque la troupe fut arrivée, elle fut logée dans un seul corps de bâtiment sur la place et reçut à dater de ce jour une ration de vin; mais pour cette fois, quoique de bonne qualité, il ne trouva pas beaucoup d'amateurs; renfermé depuis longtemps dans des outres formées d'une peau de bouc tout entière dont le poil à moitié coupé et enduit de poix ou de goudron se trouve dans l'intérieur, ce vin avait pris le goût que l'on sait que cet animal porte avec soi et qui n'est rien moins qu'agréable.

Les sous-officiers furent logés chez les particuliers, j'entends les sergents-majors et les fourriers seulement, parce qu'on jugea convenable, pour le bien de la discipline, de ne point séparer les sergents et les caporaux d'avec les soldats. Comme je connaissais mon métier de fourrier, j'avais eu la précaution de prendre chez le fournisseur une certaine quantité de vin d'une qualité supérieure que je fis porter chez moi; M. B... devant passer cette nuit avec d'autres sergents-majors, j'invitai deux fourriers de mes amis à venir prendre leur part d'un punch que je me proposais de leur offrir, ils acceptèrent. Nous passâmes gaiement la soirée, quand nos têtes furent un peu échauffées nous jugeâmes à propos de nous coucher; il n'y avait qu'un lit chez cet Espagnol, je m'en étais emparé et je l'offris à mes deux collègues. Je crus m'apercevoir que les draps avaient déjà servi, je me croyais tout permis parce que j'étais chez l'étranger; j'appelai, je fis grand bruit et parvins à éveiller le maître du logis qui, étendu par terre sur une peau de mouton, dormait profondément; je lui fis voir le lit, il paraissait ne pas comprendre. Je lui criais en français de me donner d'autres draps, je ne sais ce qu'il me répondait en espagnol; mais voyant que toutes mes paroles étaient perdues et pensant qu'il y avait mauvaise volonté de sa part, je tirai mon sabre et de deux draps j'en fis quatre ; j'obtins enfin ce que je voulus, mais je pus lire dans les yeux de mon hôte, que la colère qu'il concentrait rendait étincelants, que si j'eusse été seul, je ne l'aurais pas trouvé aussi traitable.

Le lendemain, de sang-froid, je réfléchis à ma conduite de la veille, et je me promis d'être plus circonspect à l'avenir ; je ne pouvais me pardonner cette fanfaronnade et c'est en expiation de cette faute que je me suis décidé à en écrire les détails.

Je repris le chemin d'Irun pour me rendre à Ernani ; en passant dans la première de ces deux villes, je rencontrai des moines de différents ordres.

Je rejoignis les autres fourriers à Ernani. Les deux premiers bataillons de notre légion se trouvèrent en même temps que nous dans cette ville. Il y avait plus de deux mois que nous étions séparés, on peut aisément juger du plaisir que chacun de nous dut éprouver en revoyant des camarades avec lesquels dorénavant la gloire et les dangers devaient être communs.

La troupe fut logée comme à Fontarabie, et les vingt-quatre sergents-majors et les vingt-quatre fourriers furent logés dans une même maison. Le bâtiment était tout en bois ou à peu près, et deux pieds au moins de paille fraîche étendue dans toute la chambre que nous devions occuper étaient destinés à nous servir de lit. Chacun vint y déposer son bagage et ses armes, mais plusieurs préférèrent aller passer la nuit dans quelques tavernes des environs pour célébrer la réunion qui venait d'avoir lieu.

Il était minuit, quelques-uns d'entre nous s'étaient livrés au sommeil, quand un bruit, occasionné par l'explosion de quelques paquets de cartouches se fit entendre et nous éveilla en sursaut; nous étions au milieu des flammes, la fumée nous suffoquait et nous empêchait de trouver la porte; cependant on en vint à bout.

Chacun s'était emparé des gibernes qu'il avait pu rencontrer, pour les sauver de l'incendie, et prévenir les accidents qui auraient pu résulter si les munitions qu'elles contenaient eussent pris feu. On se précipita dans l'escalier, lequel n'ayant point de rampe fut cause que plusieurs se laissèrent tomber de la hauteur du premier étage sur des souches qu'on avait entassées. Golvin fut celui qui donna l'exemple, l'impulsion fut suivie; on croyait être dans le bon chemin, et comme le premier servait d'appui au second et ainsi de suite, nous tombâmes sept ou huit avec les fusils et les sabres que nous avions pu saisir. Heureusement et par un hasard inconcevable personne ne fut blessé et cependant plusieurs fusils étaient chargés quelques-uns même avaient leur baïonnette.

L'hôtesse de la maison s'était sauvée dans un négligé peu modeste, car elle n'avait que sa chemise, elle jetait des cris épouvantables, on voulait courir au corps-de-garde de la place faire battre la générale. Je fis observer qu'il était beaucoup plus prudent, puisque nous étions en assez grand nombre, de faire tous nos efforts pour arrêter les progrès du feu, et que d'un autre côté le major commandant la légion ne manquerait pas de nous faire une sévère réprimande le lendemain, tandis que devant partir de grand matin, il serait possible qu'il ne fut pas même instruit de l'accident si nous parvenions à faire cesser l'incendie.

Mon idée fut goûtée, nous remontâmes donc et fûmes assez heureux à force de travail, pour atteindre le but que nous nous étions proposé. La maison fut un peu endommagée, mais à cela près, la propriétaire dût encore se féliciter, car le mal aurait pu être beaucoup plus grand. Après nous être assurés qu'il n'y avait plus de danger à courir, nous nous décidâmes à achever notre nuit sur cette paille brûlée et mouillée tout à la fois. Nous connûmes bientôt la cause de la catastrophe : un sergent-major qui était rentré la tête échauffée avait, sans plus de précaution, collé contre la muraille une chandelle de résine ; la flamme ayant gagné l'endroit où elle était collée fit qu'elle se détacha et tomba dans la paille, il n'en fallut pas davantage pour occasionner l'événement dont je viens de rendre compte.

Après avoir passé Salinas, nous arrivâmes à Vittoria, ville plus considérable que celles que j'avais vues jusque là.

Nous fûmes logés dans un couvent de franciscains près la place d'armes.

Nous quittâmes Vittoria le 5 janvier pour prendre la route de Valladolid, passant par les villes de Miranda de Ebro, Pancorbo, Briviesca, Quintanapella, Burgos, Zelada y Estepar, Villodvigo, Torquemada, Dueñas et Valladolid.

Je ne dirai rien d'une partie de ces villes qui ne méritent pas d'être citées.

Miranda de Ebro est une ancienne ville, jadis entourée de murailles, mais dont les restes sont dans le plus mauvais état. Après avoir traversé cette ville, du Nord-Est au Sud-Ouest, et passé l'Ebre sur un pont en pierre formé de plusieurs arches, on arrive à la grande route qui conduit à Pancorbo. A une lieue environ avant d'arriver à cette dernière ville, on entre dans un défilé formé par une gerçure; enfin, après une heure de marche, on découvre Pancorbo, qui est située au pied de deux hautes montagnes; un fort couronne la plus élevé et commande la route. Sa vue piqua ma curiosité et j'entrepris, malgré la fatigue du jour, d'aller le visiter. Le rocher était couvert de neige et ce ne fut qu'avec beaucoup de peine que je parvins à atteindre le sommet. Il y avait un petit parc, composé de quelques pièces d'artillerie et de trois ou quatre piles de boulets. Les ouvrages de fortification me parurent en assez bon état.

Je jugeai qu'il serait très avantageux d'être maîtres de cette position, si l'on venait à avoir la guerre. Du côté de la route, le rocher est à pic; une forte portion, séparée de la masse par une large crevasse semble menacer d'écraser le voyageur; du côté de la ville, la pente est tellement rapide, que plusieurs soldats, que le même motif que moi avait sans doute amenés dans cet endroit, ayant, en jouant, jeté quelques boulets sur le flanc du rocher, ne purent en arrêter la course, qui prit un si grand degré de force que l'un d'eux, en arrivant au bas de la montagne, enfonça une maison de paysan. L'alarme fut bientôt dans le voisinage et le son de la caisse nous força de mettre fin à notre promenade. Je gagnai mon logis.

J'étais seul, depuis Vittoria, mon sergent-major, M. B..., qui remplissait depuis notre départ de cette ville les fonctions d'adjudant sous-officier et de vaguemestre, crut de sa dignité de prendre un logement d'officier. Je ne cherchai point à l'en détourner; sa société m'était d'ailleurs trop peu agréable pour que je l'engageasse à ne pas m'en priver. J'étais logé dans une maison détachée de la ville. Je n'avais vu qu'une femme lorsque j'y étais venu déposer mon bagage; mais, à mon retour, j'y trouvai un grand homme brun, ayant une barbe fort épaisse et des yeux noirs ombragés par d'épais sourcils; il était occupé à mettre une pierre à son fusil. Il me parût être un braconnier. Son air était dur et ses manières n'avaient rien de bien engageantes; il me regardait du coin de l'œil et semblait consulter sa femme sur ce qu'il ferait de moi. Nous passâmes la soirée auprès d'un feu de cheminée; la conversation ne pouvait pas s'engager entre nous, puisque j'ignorais encore la langue qu'ils parlaient. L'heure du coucher arriva, je me séparai de mes hôtes et me retirai dans la pièce qu'ils m'avaient destinée. J'avais de la défiance, je pensais qu'il était prudent de prendre quelques précautions. La couchette, qui était sans roulettes et très pesante, ne pouvait pas être dérangée; je plaçai donc devant la porte qu'on ne pouvait fermer en dedans, les chaises qui étaient dans la chambre, de manière qu'il fut impossible d'entrer sans les renverser et que je fusse réveillé par le bruit. Je déposai mon fusil et mon sabre près de moi; je n'eus pas lieu de m'en repentir.

A peine y avait-il deux heures que j'étais couché que je fus réveillé en sursaut par le fracas que firent en se renversant les chaises que j'avais amoncelées près de la porte, et que je vis entrer dans ma chambre cet Espagnol dont la physionomie m'avait inspiré si peu de confiance. D'une main il tenait une lanterne, l'autre était cachée sous le manteau qui l'enveloppait; il fit le tour de l'appartement ayant l'air de chercher quelque chose; je pensai que ce pouvait être mes armes. Je gardais toujours un profond silence, mais j'avais saisi mon sabre, que j'avais eu le soin de tenir hors du fourreau et j'attendais ainsi l'issue de cette nocturne visite. L'Espagnol s'approcha de mon lit avec précaution, mais le voyant faire un mouvement pour dégager de dessous son manteau la main qu'il y avait toujours tenu cachée, je me levai sur mon séant avec vivacité et lui criai d'une voix forte : « Que me voulez-vous? » Il demeura interdit en me voyant éveillé; étonné de ma contenance, il balbutia en espagnol quelques mots que je ne compris pas. Avec mon sabre je lui indiquai la porte, il ne se fit pas prier; dès qu'il fut sorti, je me levai, replaçai les chaises près de la porte comme j'avais déjà fait et me recouchai. Je ne tardais pas à me rendormir.

Le lendemain en m'éveillant, j'examinai mes travaux de fortification passagère; rien n'était dérangé, l'ennemi n'avait point osé se présenter de nouveau. Avant de partir, mon hôte voulut me faire prendre quelque chose, je l'en remerciai; sa figure atroce me faisait présumer qu'il ne pouvait avoir que de mauvais desseins et je ne me crus réellement en sûreté que lorsque je fus dehors de chez lui.

Depuis ce jour, un soldat de la compagnie logeait toujours avec moi.

Nous arrivâmes à Burgos, capitale de la Vieille-Castille, autrefois la résidence des rois castillans. Je visitai le couvent de los Augustinos (*les Augustines*). Il est dificile de se former une idée de la richesse de cette église, dans laquelle il existe une chapelle appelée la chapelle du Crucifix miraculeux. Ce crucifix est de grandeur naturelle, il est couvert par trois rideaux brodés en or, perles fines et pierreries; un grand nombre d'ex-voto sont appendus à la tapisserie de cette chapelle; on peut encore reconnaître, quoiqu'elle soit enfumée, que cette tenture est en drap d'or. Les ex-voto sont des dons faits par les personnes qui ont été guéries par suite des prières adressées à ce crucifix; ce sont des bras, des jambes, des nez, des yeux, etc., en or, en argent ou autres matières précieuses. Quelques-uns même sont enrichis de diamants. Le devant de l'autel, les gradins et la balustrade sont d'argent. Soixante chandeliers de cinq pieds de hauteur, d'une grosseur prodigieuse et de même métal sont rangés à terre, autour de l'autel; tous les chandeliers de l'autel sont aussi en argent; entre ces chandeliers, il y a des croix et des couronnes d'or et d'argent, quarante-huit lampes, aussi en argent sont suspendues à la voûte.

Les Espagnols, craignant sans doute que tant de richesses ne fussent un objet de convoitise pour les Français, avaient eu la précaution de peindre la balustrade dont j'ai parlé ci-dessus, mais les soldats eurent bientôt découvert la fraude; quelques-uns, agenouillés, ayant l'air de faire leur prière, avaient gratté la peinture avec leur couteau et vu briller le précieux métal, aussi la chapelle du Crucifix miraculeux reçut-elle la visite de la plus grande partie des militaires de notre régiment; jamais les soldats français ne s'étaient montrés si dévots.

Après avoir fait séjour dans cette ville, nous partîmes le 11 janvier pour nous rendre à Valladolid, mais à Duénas, on nous fit changer de route et ce fut à Rio-Seco que l'on cantonna la première légion. Il était assez tard lorsque nous arrivâmes dans cette ville. Nous fîmes le logement. Les trois bataillons de notre légion furent casernés dans trois couvents. C'est dans un monastère de Saint-François que fut logé le troisieme : les moines en occupaient une partion, tandis que les soldats français occupaient l'autre. Pour moi, je fus très bien partagé. Pedro, car c'est ainsi que j'avais baptisé le soldat que je m'étais adjoint, afin de rendre son nom plus facile à retenir aux Espagnols chez lesquels nous pourrions loger, que celui de Pierre ou de Letailleur qui étaient les siens, avait été reconnaitre la maison que je devais occuper; il vint me chercher pour m'y conduire quand les troupes furent logées dans leurs quartiers respectifs. On me fit, à mon arrivée, un accueil très agréable; comme j'étais fatigué, je témoignai le désir de voir la chambre où je devais coucher, une domestique vint m'y conduire.

Cette chambre était fort propre, un second lit se trouvait dans un cabinet auprès de moi pour le soldat qui m'accompagnait; c'était lui qui leur avait fait comprendre qu'il fallait deux lits. Après avoir réparé un peu le désordre de ma toilette, je descendis dans la salle de compagnie où l'on m'invita à souper; je ne pus me défendre d'accepter, mais à l'exception d'une *olla-podrida* qu'on servit devant moi, je ne fis pas grand tort aux mets dont on couvrit la table; pour le vin, il était excellent; le señor Sébastian Romanez était un fort négociant qui en faisait un commerce considérable avec le Portugal. La jeune señora Antonia qui faisait les honneurs de la table, y mit beaucoup de grâce. Après le souper, on fit appeler pour me divertir un vieux domestique espagnol que je n'avais pas remarqué et on le pria de chanter. C'était un ancien soldat, très gai; il obéit et chanta d'une manière très comique, *la Carmagnole*, chanson française de la Révolution, et une autre qui commence ainsi : *Camarade, d'où reviens-tu; tout à l'entour du...*, etc. Il baragouinait d'une manière presque inintelligible, mais j'aidais à la lettre, car je connaissais les paroles qu'il estropiait de si bon cœur. Je lui adressai en français quelques mots de félicitation, croyant qu'il me comprendrait, mais j'en fus pour mes frais, il avait épuisé tout son savoir. On le plaisanta de s'être vanté de parler un peu cette langue, mais j'obtins grâce pour lui; on se sépara et j'allai me livrer au repos.

Le lendemain matin, Pedro vint m'avertir que l'on m'avait préparé une tasse de chocolat et que si je le voulais on allait me la servir; j'y consentis volontiers. La domestique entra bientôt après, portant sur un plateau une petite tasse de chocolat à l'eau très épais, une couple de mouillettes et un verre d'eau. Je le pris cette fois sans un bien grand plaisir, mais cependant je m'y habituai au point qu'il m'était devenu nécessaire. Je sortis pour faire mon service à la compagnie. A mon retour, je remarquai du changement dans ma chambre : mon lit était galamment orné, un oreiller garni de nœuds de rubans et une courtepointe blanche avaient été ajoutés. C'était une attention de l'aimable fille de mon hôte, toutefois avec son agrément.

Je m'occupai d'établir mon bureau; un travail considérable de comptabilité venait d'être ordonné. Mon capitaine m'avait dit qu'il s'en reposait sur moi, puisque les occupations de M. B..., mon sergent-major, ne lui permettaient pas d'y prendre part. Je m'efforçai de mériter cette preuve de confiance; je passai près de quinze nuits à travailler dans l'espace de trois semaines, et je fus assez heureux pour remettre, quoique seul, tout le travail qui avait été demandé.

Chaque jour je recevais de mes hôtes de nouveaux témoignages d'attachement. L'assiduité qu'ils m'avaient vu mettre à mon travail les avait beaucoup intéressés et leur avait fait prendre de moi une idée très avantageuse. Je commençais à comprendre quelques mots de leur langue, et la complaisance qu'ils mirent, jointe au désir que j'avais de m'instruire afin de pouvoir me faire entendre, me firent faire, en très peu de temps, des progrès assez sensibles. Je reçus à cette époque une lettre des auteurs de mes jours. Je versais des larmes en la lisant, en songeant à l'espace qui me séparait d'eux et d'un frère chéri. Ces braves gens pensaient que je venais d'apprendre quelque fâcheuse nouvelle. Je leur dit que non, et leur fit connaître, le mieux qu'il me fût posssible, le sens des expressions contenues dans ma lettre. Je les vis partager les sentiments que j'éprouvais, ils me firent quelques questions sur ma famille, je répondis franchement. Je ne me fis ni riche ni titré comme beaucoup d'autres auraient pu le faire s'ils eussent été à ma place.

Le señor Sébastian Romanez, comme je l'ai dit plus haut, faisait un très gros commerce de vins. Cinquante mules environ étaient employées constamment à les transporter sur les divers points où se faisait son négoce. Il avait obtenu la fourniture des troupes françaises stationnées à Rio-Seco. Souvent, je fus chargé de la distribution générale et il s'en rapporta toujours au compte que je lui rendais, m'ayant accordé toute sa confiance.

Une nouvelle circonstance vint encore augmenter son attachement pour moi. Quelques jours après la mort du général Mallier, tué par accident devant Valladolid, en faisant exécuter un exercice à feu, événement qui a peut-être eu les plus grandes conséquences pour les destinées de la France et de l'Espagne, le général Vedel, nommé pour remplacer ce général dans le commandement de notre division, vint nous visiter. Quatre gendarmes, qui faisaient partie de son escorte, se présentèrent dans la maison du señor Sébastian Romanez, avec des billets de logement, on les reçut très bien, mais ils voulurent exiger beaucoup plus qu'il ne leur était dû; ils faisaient beaucoup de bruit quand j'arrivai; tout était en révolution; je m'informai de la cause d'un tel désordre; l'ayant apprise, je fis à ces militaire les reproches que leur conduite peu décente méritait et leur imposai silence, en menaçant ceux qui oseraient répliquer qu'en cas de récidive, en mon absence, ce serait moi-même qui porterais mes plaintes au général. Le ton impératif avec lequel je les menaçai produisit sur ces hommes, dont le plus jeune était beaucoup plus âgé que moi, l'effet le plus heureux; ils se turent et voulurent se justifier sur la difficulté qu'ils avaient eue à se faire comprendre. Je donnai à ces soldats un bon de trente rations de vin, espèce d'effets dont mon portefeuille était toujours garni et au moyen desquels je tirais à vue sur mon hôte qui, comme je l'ai dit, était fournisseur des troupes françaises, cantonnées dans cet endroit. Ils me remercièrent beaucoup et l'on n'eût qu'à se féliciter de la conduite qu'ils tinrent pendant le séjour qu'ils firent avec nous.

J'étais devenu presque nécessaire dans cette maison, les domestiques avaient pour moi les plus grands égards, conséquence naturelle de l'intérêt que leurs maîtres me portaient. La jeune señora Antonia ne le cédait point à ses parents pour la complaisance envers moi, puisqu'elle en porta l'excès jusqu'à me présenter, elle-même, au lit, ma tasse de chocolat, lorsque ayant prolongé mon travail bien avant dans la nuit, j'y avais été retenu par le sommeil plus tard que de coutume; il est vrai qu'elle n'entrait jamais chez moi, sans être accompagnée d'une vieille femme. Antonia, d'ailleurs, ne se doutait pas qu'elle pût commettre une indiscrétion, sa candeur ne lui laissait rien apercevoir d'inconvenant dans cette démarche; elle ne craignait point de me laisser lire dans ses yeux, même en présence de ses parents, le tendre attachement que je lui avais inspiré.

Malgré les égards dont j'étais l'objet depuis mon

entrée dans la maison du señor Sébastian Romanez, j'étais loin de m'attendre à la conversation que j'eus avec lui quelques jours après. L'ordre de départ venait d'être annoncé par un ordre du jour. Après en avoir donné connaissance à mes officiers et aux sous-officiers et soldats de ma compagnie, je rentrai chez moi où je donnai cette nouvelle. Je surpris une larme que la douce Antonia venait de laisser échapper de sa paupière en apprenant que le jour de notre séparation était irrévocablement fixé. Je ne sais si son père s'en aperçut, mais il la fit rentrer un instant après. Ayant avec soin fermé la porte de l'appartement dans lequel nous étions et n'ayant d'autre témoin que son épouse, il m'adressa la parole en ces termes ou à peu près :

« Mon cher don Louis, les secrets des cabinets me sont inconnus ; j'ignore quels sont au juste les motifs qui ont pu déterminer la Cour d'Espagne à permettre le passage sur son territoire à des armées qui ne paraissent pas avoir une destination certaine ; mais ce dont aucun Espagnol ne doute, c'est que le foyer d'une révolution existe et ne tardera peut-être point à éclater. Citoyen paisible, le commerce est mon élément, et le bonheur de ma famille l'unique but vers lequel tendent tous mes désirs. Vous pouvez y contribuer, mon cher don Louis, si vous acceptez les offres que je vais vous faire. Je n'ai qu'un seul enfant, mon Antonia fait tout mon bonheur. Je désire unir son sort à celui d'un homme estimable, qui puisse, par son intelligence, étendre mes relations commerciales tant à l'intérieur qu'à l'étranger. J'ai cru l'avoir trouvé. Votre zèle dans les travaux dont vous êtes chargé a excité mon admiration. Nul doute qu'avec l'âge il n'augmente, quand la prospérité de votre fortune dépendra de votre activité. Vous appartenez à de bons parents, j'en juge par la communication que vous nous avez donné d'eux.

« Vous trouverez peut-être assez extraordinaire que je ne cherche point dans ma nation l'homme que je désire qui devienne l'époux de ma fille. Je vais vous faire connaître les motifs qui m'ont déterminé à en agir ainsi. J'ai besoin pour me seconder dans mes projets commerciaux, d'un homme actif, intelligent, et qui ait reçu quelque instruction. Quoique je sois Espagnol, je ne puis me défendre d'avouer que les Français ont sur nous une grande supériorité lorsqu'il s'agit d'opérations de commerce. Voilà, mon cher don Louis, l'entretien que je désirais avoir avec vous. Demain, j'attends votre réponse, il est temps de nous séparer. »

J'étais demeuré immobile de surprise, je me trouvai très heureux qu'il m'eût accordé jusqu'au lendemain pour lui donner une réponse. Sa proposition m'avait étourdi, par la raison que j'étais loin de m'y être attendu. Je me remis bientôt : — Eh ! quoi, me disais-je, ne puis-je, sans être ingrat, ne point profiter d'une offre aussi généreuse ? — L'âme sensible du señor Romanez peut-elle s'offenser de mon remerciement ? Irai-je pour répondre à une caresse de la fortune renoncer au plaisir, au bonheur de revoir ma famille et ma patrie et serrer des nœuds pour lesquels je ne me sentais point un penchant bien déterminé. C'est à quoi je ne pouvais me résoudre ; aussi, j'eus bientôt pris une résolution, je me retirai chez moi, et, le lendemain, ayant trouvé le señor Romanez, je lui présentai mes excuses, le plus poliment qu'il me fût possible, alléguant principalement la sévérité des lois françaises sur la désertion et les dangers auxquels lui-même pourrait être exposé par la participation qu'il aurait prise au délit. J'eus beau faire, il ne fût pas ma dupe : il n'insista pas davantage. Son amitié pour moi n'en parut même pas altérée pendant le temps que je demeurai chez lui.

Depuis ce moment, je m'absentai le plus possible, prétextant que mon service m'appelait au dehors. Je passai le peu de jours que je restai à Rio-Seco à visiter cette ville.

Le jour du départ de la première légion arriva ; je fis mes derniers adieux au señor Sébastian Romanez, qui m'avait voulu tant de bien, et à sa famille. Je demandai la permission d'embrasser l'aimable Antonia, je m'en repentis bientôt ; elle ne put résister à son émotion, des larmes qu'elle ne put répandre la suffoquèrent et je n'eus que le temps de la recevoir dans mes bras.

Nous allâmes coucher à Villa-de-Fradès et le lendemain nous arrivâmes à Toro.

Je fus logé chez un seigneur, don Fuentes de Villa-Flor, etc.; ce noble castillan n'était pas chez lui quand je me présentai; ses domestiques ne purent me recevoir non plus, par la raison toute simple qu'il n'en avait pas. Je revins et je fus plus heureux.

Pendant mon séjour à Toro, je fis la partie, avec deux de mes collègues, d'aller visiter un couvent de religieux qui était près de mon logement. Un jeune frère, de l'âge de dix-huit à vingt ans, eut la complaisance de nous faire voir la maison. Une chapelle attira beaucoup notre attention, mais il ne put nous expliquer, ou plutôt nous ne pûmes comprendre à quoi servaient les instruments de supplice qui s'y trouvaient réunis, il semblait que c'était un lieu de tortures. Au milieu, se trouvait un fût de colonne, de trois ou quatre pieds de hauteur, posé sur un socle de six pouces d'épaisseur, à ce fût était attaché un gros anneau auquel tenait une forte chaîne en fer, une couronne aussi en fer façonné en forme d'épines à pointes aiguës était posée sur cette colonne. Une croix de six pieds de hauteur, dont les angles étaient très vifs, était couchée sur le parquet ; le jeune frère nous pria de l'aider à la soulever ; nous fûmes bien étonnés de l'énormité de son poids. Quand nous eûmes satisfait à ses désirs et qu'il se fut assuré que personne ne pouvait venir nous interrompre, il se découvrit les épaules ; nous remarquâmes avec peine qu'il les avait meurtries en plusieurs endroits. Il se plaça près de la croix et l'ayant abattue sur lui il se traîna jusqu'à quelques pas de nous ; nous pûmes facilement reconnaître que les marques qu'il portait ne provenaient que de cet exercice auquel il était condamné. Nous le débarrassâmes de son pénible fardeau ; il nous fit voir encore plusieurs instruments de discipline, ensuite, il traîna au milieu de la chapelle un cercueil, le découvrit et offrit à nos yeux le spectacle d'un squelette d'homme dans un froc de religieux de son ordre ; il se déshabilla et s'étant couché sur ces restes inanimés, il s'enveloppa du même froc qui les renfermait. Nous étions muets de surprise ; nous le forçâmes à quitter cette attitude et ne fûmes pas peu étonnés de le voir, malgré le froid rigoureux qui nous pénétrait, sortir du cercueil mouillé de sueur. Cet état était sans doute occasionné par la révolution qu'il éprouvait en réfléchissant à cette image de notre destruction. Quand il eut revêtu ses habits, il nous conduisit à sa cellule où il nous offrit une collation que nous acceptâmes. Il nous apprit qu'il était le cadet d'une famille noble et riche d'Espagne, et que pour assurer une immense fortune à son frère aîné, pour le mettre en état d'occuper une des premières charges, on l'avait forcé, malgré son peu de vocation, à prendre l'habit de Saint-François ; il nous témoigna le désir qu'il avait que les bruits qui circulaient se réalisassent un jour. On assurait que les Français allaient opérer de grands changements dans le gouvernement espagnol et que l'une de leurs conséquences serait peut-être la suppression d'une grande quantité de couvents. Nous tâchâmes de le détromper, en l'assurant que c'était sur le Portugal que nous devions agir, et que l'Espagne n'entrerait pour rien dans nos opérations. Il persista dans sa façon de penser, malgré tous les efforts que nous fîmes pour le dissuader. Il nous dit aussi qu'il entrerait volontiers au service, dans les troupes françaises si nous pouvions parvenir à le faire sortir de son couvent. Nous lui fîmes comprendre que les Français étant alliés des Espagnols, ce projet était tout à fait impraticable. Nous fîmes encore deux visites à notre jeune cénobite avant de partir de Toro.

Si pendant mon séjour chez le noble et pauvre seigneur don Fuentes de Villa-Flor, je ne fus pas l'objet de mille attentions délicates, comme chez le digne Sébastian Romanez, je n'eus pas à me plaindre de ses procédés. Il ne m'adressait jamais la parole et quand je lui faisais quelques questions ce n'était jamais qu'avec la plus grande dignité qu'il me répondait, affirmativement ou négativement par un signe de tête; ou bien par une gracieuse contorsion de bouche et un léger mouvement des épaules, il me donnait à entendre qu'il était ignorant de ce que je lui disais, ou qu'il ne m'avait point compris.

Nous quittâmes Toro le 15 mars 1808, après une station de dix jours.

Le 17, la division se mit en marche à sept heures du matin, je dis la division, car nous nous étions réunis la veille aux autres corps de troupe qui la composaient. Nous prîmes la route de Ségovie en passant par Médina-del-Campo, San Cristoval et Lavaca. Les vivres nous manquèrent pendant les deux dernières journées; San Cristoval et Lavaca n'étant point assez approvisionnés pour fournir un nombre suffisant de rations.

Nos généraux ignoraient la réception qu'on nous ferait à Ségovie. A deux lieues de cette ville on nous fit faire halte; on donna l'ordre d'assujétir les pierres des fusils, de déboucher les lumières et de délier un des trois paquets de cartouches dont était muni chaque soldat. Quand ces dispositions furent prises on fit charger les armes et l'on se mit en marche en se formant en colonne par section et à distance, ayant en tête un assez bon nombre de pièces d'artillerie. La journée était belle, le ciel pur, le soleil se réfléchissait sur nos armes et sa douce chaleur en pénétrant tous les cœurs avait fait oublier les désagréments des jours précédents. Des chants d'allégresse qui se faisaient entendre de la droite à la gauche de la colonne, exprimaient le désir dont brûlait chaque soldat d'ajouter de nouveaux lauriers à ceux qu'avait cueillis notre grande armée dans les plaines d'Austerlitz, d'Iéna, etc.

Tout à coup un nuage de poussière, déroba à nos yeux la vue de Ségovie dont on apercevait depuis un quart d'heure les monuments les plus élevés. A la voix du général, le plus grand silence régna dans tous les rangs; le tourbillon s'approcha et nous laissa apercevoir cinq ou six cavaliers vêtus en bourgeois qui ne quittèrent le galop que lorsqu'ils furent à la hauteur de notre arrière-garde. Ils purent voir notre artillerie qui était nombreuse et c'était, je pense, leur dessein, car bientôt ils tournèrent bride et reprirent le chemin de Ségovie, en mettant dans leur course toute la célérité que pût leur permettre la vigueur de leurs chevaux.

Quand nous arrivâmes, il pouvait être quatre heures du soir. Une quantité prodigieuse d'officiers d'artillerie espagnols, était hors des portes de la ville; tous étaient en grande tenue. C'étaient les élèves-officiers de l'école d'artillerie de Ségovie. Nous pensâmes toujours que la réception qu'ils avaient l'intention de nous faire n'était rien moins qu'amicale, mais que, d'après la connaissance de nos forces, ils jugèrent plus prudent de nous faire bon accueil.

Nous prîmes possession de la ville ; des postes furent placés dans les différents quartiers et une pièce de canon fut braquée sur chacune des rues adjacentes à la place d'armes.

Ce fut le 20 mars que nous entrâmes à Ségovie, nous y séjournâmes jusqu'au 8 avril.

Le séjour de la 1re légion à Ségovie fut d'un très grand avantage pour les fourriers. Chacun d'eux put y garnir sa bourse de quadruples (pièces d'or de 80 francs) et c'est ce qu'aucun ne négligea de faire.

Le 1er avril, on forma dans les cinq légions des compagnies de grenadiers et de voltigeurs. Mon capitaine me prouva dans cette occasion l'intérêt qu'il me portait. Ayant été choisi pour commander une compagnie d'élite, il demanda au major commandant le régiment à me conserver avec lui dans la compagnie de voltigeurs du 3e bataillon. « Vous recevez, me dit-il, des épaulettes de peu de valeur, espérons qu'un jour nous pourrons leur en substituer d'autres d'un plus grand prix. » Je remerciai mon capitaine des souhaits qu'il voulait bien faire pour mon avancement.

Nous quittâmes Ségovie pour prendre la route de

Madrid le 8 avril. Nous arrivâmes à Saint-Hildefonse (San Ildefonso) le même jour, de très bonne heure.

Il existe à Saint-Hildefonse une manufacture de glaces qui passait pour une des plus belles de l'Europe, et une verrerie digne d'attirer l'attention des curieux. J'employai à visiter cette verrerie tout le temps dont je pus disposer. Je vis exécuter en émail quantité d'objets de fantaisie; des artistes gravèrent devant nous l'effigie de Napoléon et firent preuve de talent, car ce fut à la seule inspection d'une pièce du royaume d'Italie que je leur présentai qu'ils tracèrent sur le cristal les traits de l'Empereur.

J'étais rentré au logis d'assez bonne heure et me disposais à prendre du repos, quand j'entendis crier aux armes; la générale battait dans les rues, on se rendit à la hâte sur la place d'armes. Tous les chefs étaient déjà réunis : l'appel fut ordonné, il se fit de suite et l'on se mit en marche. La pluie commençait à tomber avec abondance, les fossés qui bordaient la route, en furent bientôt remplis. Plusieurs soldats ne pouvant résister au besoin du sommeil et s'y étant abandonnés en marchant, se laissèrent tomber dans ces fossés, ce qui ne manquait pas d'exciter le rire des autres et ne contribua pas peu à me maintenir éveillé. A la pointe du jour, nous étions arrivés au bas de la montagne du Lion qui sépare les deux Castilles. Nous gravîmes cette montagne dont le sommet était couvert de neige, tandis que la verdure et les fleurs couvraient ses flancs et sa base.

Les troupes françaises occupaient depuis quelque temps la capitale de l'Espagne. Le grand-duc de Berg en avait pris possession et y gouvernait au nom de l'Empereur. Nous fûmes cantonnés aux environs de Madrid dans les villages de Caramanchel Arriba et Caramanchel Abaxo, désignés ainsi à cause de leur position. Le plus éloigné de Madrid, qui était le Caramanchel Arriba et dans lequel j'habitais, n'en était guère distant de plus d'un quart de lieue ; c'était autant dire être dans ses murs ; nous y fîmes de de temps en temps quelques petites incursions afin d'y dépenser l'argent que nous avions rapporté de Ségovie et de quelques autres villes.

Nous passâmes deux fois, à Madrid, la revue du prince Murat. L'état-major qui l'accompagnait était très nombreux et très brillant. Ce prince, plus brave guerrier que grand politique, étalait à Madrid la plus grande magnificence. Doué de tous les avantages physiques, il semblait vouloir y ajouter encore par la richesse et l'élégance recherchée de sa toilette et ne se montrer en public que dans le dessein d'attirer tous les regards et de forcer à l'admiration tout le beau sexe de la capitale.

C'est sur le Prado que se passaient toutes les

revues; cette promenade est la plus belle de Madrid, elle est ornée de plusieurs fontaines qui sont toutes d'un goût recherché. C'est le rendez-vous de la plus belle société.

Je parcourus Madrid dans le dessein de voir quelques curiosités, mais ce fut vainement. Le palais des Rois n'est rien pour qui connaît le Louvre de Paris; la rue Alcala où est l'hôtel des douanes est une des plus belles de Madrid, la capitale de la France n'en possède point de pareille.

Il arriva, dans les derniers jours que nous passâmes à Caramanchel un événement que je vais rapporter pour faire connaître à quel degré de cruauté est capable de se livrer un prêtre espagnol.

M. Mottet, capitaine des voltigeurs du 1er bataillon de notre légion, membre de la Légion d'honneur, était un officier d'un mérite très distingué, de mœurs douces et généralement estimé. Il fut, par les autorités espagnoles, logé chez un curé de Caramanchel. Ce dernier était absent quand cet officier se présenta. Une domestique le reçut et, d'après les ordres de l'alcade, le logea dans un des appartements de la maison. L'absence du maître du logis dura quelques jours; à son retour, le capitaine le salua, et comme il était très instruit, il eut, à l'aide du latin, une assez longue conversation avec lui, à l'issue de laquelle il fut obligé de sortir. Il ne rentra que le soir à son logement. Pendant son absence, ce prêtre scélérat forma le dessein de terminer une existence que vingt combats avaient respecté. A cet effet, il s'arme d'un fusil, et, avec le plus grand sang-froid, il va s'embusquer dans l'appartement du capitaine qui, sans défiance, ne tarde pas à se présenter et reçoit le plomb meurtrier que ce lâche assassin lui avait destiné. Après avoir commis cet attentat, ce monstre prit la fuite pour se soustraire au châtiment qu'il avait si justement mérité. Le rapport fut fait au prince Murat, qui ne donna aucune suite à cette affaire. Le corps du capitaine fut enterré dans l'église même de Caramanchel, avec les honneurs dus à son grade.

Nous quittâmes Caramanchel pour nous rendre à Aranjuez, en passant par Pinto où nous nous logeâmes à peu près militairement. Toute la compagnie était réunie dans une même maison. Les soldats et caporaux couchèrent à terre sans se déshabiller dans la première salle; pour nous, nous nous disposions à forcer une porte qu'on paraissait avoir fermée à dessein; mais de crainte de quelque accident, le maître du logis vint nous apporter les clefs. Il y avait deux lits; comme ils ne pouvaient suffire pour six personnes, nous étendîmes les matelas sur le plancher, et nous nous préparions à nous coucher, quand cet Espagnol, qui paraissait un assez brave homme, vint nous apporter un très grand vase rempli d'excel-

4.

lent vin, en nous engageant à le boire à sa santé. Après nous avoir souhaité le bonsoir il se retira.

Un sergent de la compagnie dont la sobriété n'était pas la principale vertu, but avec tant d'intempérance, qu'il fût bientôt dans une ivresse absolue. Ses collègues qui ne l'aimaient point et qui ne l'avaient vu entrer dans la compagnie qu'avec le plus grand déplaisir, ne cherchaient que l'occasion de l'en faire sortir; ils le barbouillèrent de noir et d'huile, et l'ayant mis hors de la chambre, l'exposèrent à la risée des soldats. J'observai à mon sergent que cette conduite était peu décente, mais il m'engagea à laisser les sergents s'arranger entre eux. Je suivis son conseil. Bientôt ils inventèrent un autre jeu : ils attachèrent une corde au cou de ce malheureux et l'ayant fait passer par-dessus la porte, ils la tirèrent tant qu'ils auraient fini par l'étrangler si elle ne se fût cassée. Le jeu finit, chacun s'endormit.

Le lendemain, les armes de ce sergent furent jetées dans un puits — ce que je ne sus que quelque temps après, — dans le dessein de le faire casser de son grade. En effet, il l'eût été si le major de la légion ne l'eût connu pour un brave militaire, car il le rencontra le matin dans le même état où on l'avait mis la veille; il ne put s'empêcher de sourire en jetant un regard de mépris et de pitié sur un homme qui s'avilissait à ce point aux yeux de ses inférieurs. En arrivant à Aranjuez, il entra à l'hôpital où il mourut quelque temps après d'un abcès qui lui perça dans la gorge, et qui ne pouvait être que la conséquence du petit jeu de ses camarades.

Aranjuez, sur le Tage, est un séjour délicieux, on y arrive par une magnifique avenue. Le prince de la Paix y possédait un palais. C'est là qu'il se réfugia le 17 mars pour se garantir de la fureur du peuple, qui le demandait à grands cris, pour le sacrifier à sa vengeance.

Il y avait déjà quelque temps que nous habitions Aranjuez; l'harmonie paraissait assez bien établie, entre les troupes françaises, les troupes espagnoles et les habitants, quand, le 1er mai au soir, il était près de 8 heures, quelques coups de fusil se firent entendre près de la maison où logeaient notre compagnie, et les 7e et 8e du même bataillon. Un caporal qui se trouvait à la salle de police, mais dont la porte n'était point fermée, sortit et courut vers l'endroit d'où le tumulte partait; il n'y fut pas plutôt arrivé qu'il fut atteint d'une balle qui lui traversa l'avant-bras; la générale battit aussitôt dans toutes les rues. Les troupes qui étaient casernées par deux ou trois compagnies dans les maisons particulières des divers quartiers de la ville, furent bientôt sous les armes. Vis-à-vis notre logement était une caserne de cavalerie espagnole, occupée par des dragons jaunes, dits dragons de la reine; ils se rangèrent en bataille devant le front de nos trois compagnies; la fusillade continuait toujours. Mon capitaine m'envoya vers le chef d'escadron espagnol lui demander quelles étaient ses intentions, après toutefois s'être mis en état de défense. J'exécutai ses ordres et après avoir répondu : « France! » au qui vive? des Espagnols, je demandai à parler à l'officier supérieur qui commandait. Je l'instruisis de ma mission; il me répondit qu'il ferait tout ce qui dépendrait de lui pour rétablir la tranquillité que quelques imprudences paraissaient avoir troublée. Je revins rendre réponse à mon capitaine et nous nous rendîmes aussitôt à la place d'armes. Toutes ces choses se passèrent dans l'espace d'un moment. Nous trouvâmes réunie une partie de la division, le reste ne tarda pas à se joindre à nous. Des reconnaissances de cavalerie furent envoyées sur tous les points. Les cris de : « Qui vive? » se répétaient de toutes parts. De temps en temps quelques coups de pistolet étaient tirés; enfin, le calme parut se rétablir. Quelques paysans trouvés dans les rues avec des armes, payèrent de leur vie cette tentative de rébellion.

Les troupes espagnoles, qui jusqu'alors étaient restées spectatrices, vinrent se joindre à nous et prirent place dans nos rangs pour composer les patrouilles qu'on envoya dans les diverses rues. Je dois leur rendre cette justice qu'elles ne négligèrent rien dans les moyens qui furent employés pour réprimer le désordre, et qu'elles furent les premières à faire feu sur les séditieux qui se présentèrent. Indépendamment de ces patrouilles, la division entière, ses généraux en tête, parcourut toute la ville, jusqu'à ce que le jour eut dissipé les ombres de cette nuit, dont le calme avait été interrompu par l'événement que je viens de rapporter.

On publia des ordres sévères pour empêcher tous rassemblements. Les soldats ne sortaient qu'armés de leur baïonnette, afin d'éviter toute surprise. J'appris dans le courant de la journée qu'un événement malheureux avait eu lieu dans la soirée précédente. Une jeune personne de seize à dix-huit ans était allée passer la soirée chez une amie; lorsque le bruit commença, elle voulut partir pour rentrer chez ses parents, dans la crainte de les inquiéter. En vain on voulut la retenir, on fut obligé de lui céder. Elle courait, effrayée par le bruit des armes à feu qu'elle entendait; une sentinelle se trouve sur sa route et lui crie : « Qui vive? » elle ne sait que répondre, ne s'étant jamais trouvée dans une pareille circonstance, et ne pensant peut-être point que ce fût à elle que s'adressât cette apostrophe. Le cri répété trois fois sans avoir obtenu de réponse, la sentinelle couche en joue la personne dont l'obscurité lui empêche de connaître le sexe, et il ne s'aperçoit que c'est une femme, que lorsqu'elle est étendue morte à ses pieds. La balle lui avait traversé la poitrine.

Tandis que la tranquillité se rétablissait dans Aranjuez, la révolte éclatait dans Madrid, et nous fûmes bientôt assurés que l'insurrection dont nous avions arrêté les effets était une ramification de celle de Madrid, et qu'une instruction mal interprétée avait fait agir les conjurés avant que l'heure de l'attaque générale eût sonné.

Voici des détails dont je puis garantir l'authenticité :

Le 1ᵉʳ mai 1808 au matin, la populace de Madrid parut vouloir se porter au palais du prince Murat. Il en fut averti, monta à cheval aussitôt et fit battre la générale; les troupes en se rendant aux postes indiqués en cas d'événement, furent assaillies de quelques coups de fusil qui leur furent tirés par les croisées de plusieurs maisons. Plusieurs corps de cavalerie faillirent être surpris avant d'avoir pu monter à cheval, n'étant point logés près de leurs écuries; heureusement pour eux, la diligence qu'ils firent les sauva de ce danger. L'artillerie fut conduite sur le Prado; quelques coups à mitraille mirent les rebelles en déroute. Bientôt, la rue Alcala et celles qui environnent le palais sont couvertes des blessés et des morts qu'ils ont laissés dans leur fuite. Les

Français parcourent les rues de la capitale et font un carnage affreux de tout ce qu'ils trouvent les armes à la main. Au Prado, trois cents Espagnols qui ont pris part à l'insurrection sont ou mitraillés ou fusillés. Des ordres sont placardés aussitôt dans toute la ville ; ils sont écrits dans les deux langues ; ils défendent à tout Espagnol de s'envelopper dans le manteau qu'il porte, et autorise tout militaire français à fouiller tout individu qu'il soupçonnerait être porteur d'une arme quelconque, fût-ce même d'un couteau, et lui ordonne de conduire au Prado pour y être fusillé celui qui serait pris en contravention. Pendant trois jours, beaucoup de mutins furent passés par les armes.

Un mamelouck détruisit seul, dans la journée du 2, presque tout un couvent ; aussi devinrent-ils l'effroi de Madrid, depuis cette funeste journée. Ce mamelouck, passant au galop dans une des rues, trouva étendu près de la porte un de ses camarades. Il n'était pas encore mort, il l'interrogea et apprit de lui qu'un coup de fusil lui avait été tiré par une croisée et que c'était par un des moines de cette maison ; il le chargea de le venger et expira bientôt après. Ce mamelouck ne songea qu'à remplir les dernières volontés de son compagnon ; il trouva bientôt le moyen de pénétrer dans le lieu qui renfermait les moines assassins. L'épouvante se répandit bientôt parmi eux : de ses pistolets il renversa tout ce qui se trouva sur son passage, puis saisissant son sabre il poursuivit dans le cloître ceux qui tentaient de lui échapper. Chaque coup de sabre faisait voler une tête ou partageait un homme en deux. Enfin sa fureur ne trouva de terme que lorsqu'il ne rencontra plus de victimes à immoler aux mânes de son camarade. Près de quarante moines tombèrent sous ses coups avant qu'il ne sortît du couvent.

Nous restâmes encore quelque temps à Aranjuez après cette catastrophe; nous en vîmes partir successivement pour l'Andalousie toutes les troupes espagnoles. Nous conjecturâmes qu'il allait se former une armée dans cette partie de l'Espagne, pour nous être opposée lorsqu'on le jugerait nécessaire. Leur parc d'artillerie était considérable, il pouvait être composé de 150 bouches à feu; nous ne leur permîmes point de l'emmener avec eux. Comme ils nous craignaient, ils le laissèrent, toutefois avec une forte garde.

Nous ne tardâmes pas à quitter cette ville pour aller à Tolède.

Route d'Aranguez à Tolède : Ocaña, Villaseguilla, Tolède.

III

TOLÈDE. — MALADIE. — DANS LA SIERRA-MORENA
COMBATS. — A BAYLEN

Malgré les maladies qui avaient affaibli notre armée depuis notre entrée dans la péninsule, ma santé n'avait pas éprouvé la moindre altération. Je me croyais exempt de payer le tribut au climat, mais je ne tardai pas à être détrompé. Je fus atteint de la fièvre le jour même de mon départ d'Aranjuez. J'étais logé à Ocaña, près de la place, et c'est tout ce que je pus faire que de m'y trainer pour voir défiler le bataillon des marins de la garde impériale qui traversaient.

Je fus enfin forcé d'entrer à l'hôpital. Le premier où l'on me conduisit, n'offrait rien de satisfaisant : les malades étaient entassés dans des salles assez mal entretenues. Mon capitaine me vint voir le jour même ; je lui témoignai le dégoût que j'éprouvais de me trouver dans ce lieu, et le désir que j'avais d'être transféré, dans le grand hôpital qui était fort peu éloigné et duquel on faisait beaucoup de récit. Il l'obtint et aussitôt j'y fus conduit. Cet hôpital était établi dans un palais du cardinal de Tolède ; il était vaste et bien disposé. J'y entrai le 1er juin ; pendant le temps que j'y restai, nous apprimes l'arrivée des troupes françaises dans la ville de Cordoue le 7 juin, après un combat de plusieurs heures au pont de Alcolea qui se trouve en avant de cette ville. L'ennemi se retira dans Cordoue dont on ne put ouvrir les portes qu'avec du canon. Cette ville fut abandonnée aux soldats pendant quelques heures, mais on exagéra beaucoup ce qu'elle souffrit dans cette journée. Cette nouvelle occasionna quelques troubles dans Tolède, on craignait une révolte ; les maisons des officiers furent même marquées dans l'espoir de renouveler les Vêpres siciliennes. Le 3e bataillon, dont je faisais partie, fût envoyé dans la Manche pour s'emparer d'un magasin de poudre et d'armes.

Je regrettai vivement de ne pouvoir faire partie de l'expédition. Mon sergent-major vint me voir avant de partir, m'exhortant à prendre patience ; il m'apprit que le bruit courait que les paysans des environs se réunissaient et devaient, disait-on, tenter de venir massacrer les malades dans les hôpitaux. Il me persuada en même temps que je n'avais rien à craindre, car, à compter de ce jour, un bataillon en entier devait être de grand'garde, au parc d'artillerie qui était devant notre poste. Quoi qu'il en soit, on fit donner des armes à tous les malades, et les postes où devaient se porter, en cas d'accident, ceux qui seraient dans le cas de pouvoir se défendre, étaient désignés par un ordre du jour.

En très peu de temps je fus convalescent, mais d'une faiblesse extrême : je possédais de l'argent qui me fut d'un très grand secours, pour me procurer ce dont je pouvais avoir besoin et que l'on nous faisait payer au poids de l'or, vu les défenses qu'on avait faites à toutes les personnes qui étaient employées dans l'hôpital, de se charger d'aucune commission.

Le bataillon revint bientôt, après avoir vu couronner son entreprise du plus heureux succès ; on parlait d'un prochain départ ; je demandai ma sortie et ne l'obtins qu'avec beaucoup de peine à cause du peu de forces que j'avais.

Je sortis le 16 juin ; la consternation paraissait être dans toute la ville, les troupes étaient consignées et bivouaquaient dans les cours des couvents qui leur servaient de casernes. C'était le jour de la Fête-Dieu ; les troupes françaises devaient assister à la procession, mais les généraux informés qu'une révolte devait avoir lieu pendant la cérémonie, changèrent les ordres et défendirent que les processions sortissent des églises, afin d'éviter les accidents qui pouvaient avoir lieu.

On partit de Tolède le 17 juin ; les fourriers étaient partis en avant, j'envoyai un caporal à ma place et je restai à la compagnie. A peine avions-nous fait une lieue que l'on nous fit retourner vers Tolède, et ce ne fut que le lendemain que nous quittâmes décidément cette ville, pour entrer dans la Manche. Les fourriers qui étaient partis en avant, ne sachant pas la contremarche de la division, avaient continué leur route. Nous les rejoignîmes à Madrilejos où se trouvaient alors quelques détachements de cavalerie et d'infanterie qui n'avaient pu entrer dans cette ville qu'après un combat assez vif avec des paysans rassemblés en grand nombre. Ces derniers avaient barricadé les rues avec des voitures et des chaînes ; heureusement la valeur des Français triompha de tous ces obstacles et ils s'emparèrent de la ville. Le soir où nous y entrâmes, le 3ᵉ régiment suisse que nous avions laissé dans Aranjuez pour garder le parc d'artillerie des espagnols, arriva aussi. Nous apprîmes qu'ils avaient été attaqués par des paysans armés ; qu'une grande partie des soldats du train et des canonniers avaient été sabrés sur les pièces plutôt que de les laisser tomber au pouvoir des brigands ; car quel autre nom donner à des rebelles sans discipline, sans chef et qui agissaient sans ordre de leur gouvernement. Malgré le nombre de ces révoltés, les Français conservèrent le parc et ne crurent mieux faire que de rejoindre la division et de l'y amener.

Nous nous logeâmes militairement : les maisons

étaient désertes et nous nous trouvâmes fort bien de nous être approprié deux poules dans notre logement de la veille. Nous en fîmes du bouillon dont j'avais grand besoin. Nous continuâmes le lendemain notre route. Dès cet instant les fourriers cessèrent de prendre l'avance sur la division ; il était devenu trop dangereux de marcher isolément. Avant d'arriver à Manzanarès, nous fîmes rencontre d'un petit corps de troupes françaises qui nous donna la triste nouvelle que les malades que le général Dupont avait laissés dans cette ville, venaient d'y être égorgés. Ce ne fut alors qu'un seul cri dans toutes les bouches : Vengeance ! Vengeance ! répétait-on de toutes parts. Ce sentiment animait tous les cœurs ; le général paraissait même le partager.

Enfin, l'on découvre cette cité qui avait été le théâtre d'un attentat aussi horrible ; les chefs ont peine à contenir la fureur des soldats. Un envoyé se présente et annonce au général que les autorités sont en chemin pour venir lui présenter les clefs de la ville : cette députation ne tarde pas à s'offrir à nos regards ; elle est composée de l'alcade mayor, des alcades ses adjoints, du corrégidor, de plusieurs prêtres et des plus notables de l'endroit. Ils supplient le général de les entendre et l'assurent que les habitants n'ont point participé au crime qui a été commis, que deux bandes formées par des paysans, et que des moines conduisaient, en étaient seuls les auteurs, et que malgré leurs efforts ils n'avaient pu empêcher ces brigands de consommer leur forfait; ils offrirent toutes les satisfactions qu'on voudrait exiger. Le général écouta leur proposition et les assura que la ville n'éprouverait aucun dommage ; on entra et pour éviter toutes espèces de rixes entre les habitants et les soldats, ces derniers furent consignés dans leurs logements.

Mon sergent-major se trouvant alors malade, nous fûmes obligés de le laisser dans l'hôpital que l'on forma de nouveau, et que l'on mit sous la responsabilité des autorités. Je l'accompagnai dans ce lieu si funeste : les portes brisées à coups de hache n'étaient pas encore réparées ; les lits, les murs étaient encore teints du sang de nos infortunés camarades. Je lui fis mes adieux, je regrettais de l'abandonner ; son caractère doux me l'avait fait aimer.

Je descendis dans les cours et les jardins : là le spectacle le plus affreux vint frapper mes regards. Une cinquantaine de cadavres qu'on n'avait encore pu enterrer, nous permirent de juger de la barbarie de ces lâches assassins. Les uns avaient été assommés, les autres avaient la tête fendue par des coups de hache et plusieurs avaient été par un raffinement de cruauté, plongés vivants dans des chaudières d'huile bouillante : les membres de ces malheureuses victimes avaient été tellement contractés par l'action du feu, qu'un homme de la taille de cinq pieds et demi, paraissait tout au plus en avoir eu trois.

Je quittai ce séjour d'horreur pour me rendre à mon logement. A moitié chemin j'entendis un bruit confus de voix et bientôt je découvris au milieu de plusieurs soldats français, une femme que l'on conduisait en prison par ordre du général Vedel. On avait trouvé chez cette furie, accroché dans une cheminée, le corps mutilé d'un dragon, qui sans doute avait été assassiné la veille et qu'on n'avait pas eu le temps d'enterrer. J'ignore ce que sera devenue cette femme.

Le 24 juin, nous quittâmes Manzanarès où nous avions fait séjour, pour aller bivouaquer à Valdepenas. Les habitants avaient abandonné leurs maisons, cette ville n'était plus qu'un désert. El Viso ne nous présenta pas plus de ressources et même manqua nous être funeste; les soldats s'étaient répandus dans divers quartiers malgré la défense qui leur était faite, dans l'espoir de rapporter des vivres ou du butin. On ne trouva presque rien; plusieurs caves furent ouvertes dont quelques-unes étaient remplies d'eau-de-vie; en un instant, les bidons de toutes les compagnies furent remplis; le camp était couvert de vases pleins de cette liqueur et une grande partie des soldats de la division se trouvèrent dans une ivresse complète. Si nous avions été attaqués dans ce moment, c'eût été fait de nous ; il nous aurait été impossible de faire la moindre défense.

Aussitôt que les chefs se furent aperçus de cet accident, ils firent renverser tout ce qui se trouvait encore de cette dangereuse boisson. Le repos de la nuit vint rafraîchir le sang de tous nos soldats, et le lendemain, après leur avoir fait connaître les dangers auxquels ils s'étaient exposés par leur imprudence, on se mit en marche pour passer la Sierra-Morena. Nous avions beaucoup d'équipages ; les conducteurs de ces voitures étaient tous des Espagnols qu'on avait forcés de marcher. A une lieue de El Viso, ils nous abandonnèrent presque tous, nous laissant leurs chevaux et leurs bœufs ; nous ignorions quel pouvait être le motif de cette détermination, mais nous l'apprîmes bientôt.

Avant d'entrer dans les gorges de la Sierra Morena, le général fit faire plusieurs manœuvres à la division et attendit, pour s'engager dans le défilé, que tous les soldats qui se trouvaient en arrière eussent rejoint leurs compagnies respectives.

Nous marchions en colonne par pelotons ou par sections selon que la largeur de la route le permettait : le 1er bataillon de notre légion formait l'avantgarde de la division ; à quelque distance un escadron de dragons précédait le 3ᵉ régiment suisse qui était suivi de la 5ᵉ légion, la 1ʳᵉ formait l'arrière-garde avec l'artillerie. Quoiqu'on s'attendit à rencontrer l'ennemi, on n'avait encore rien aperçu et l'on commençait à marcher avec plus de sécurité quand une décharge de mousqueterie se fit entendre. Notre avant-garde était passée depuis quelque temps; les Espagnols ne l'avaient point attaquée, dans l'espoir de répandre plus de confusion dans nos bataillons; ils se trompèrent, cette décharge inattendue nous étonna, mais ne causa aucun désordre dans nos rangs.

L'ennemi avait placé une batterie de pièces de siège sur le flanc de la montagne et qui battait sur la route; de plus, il avait construit une barrière en maçonnerie et en charpente dans toute la largeur du chemin qui, en nous opposant un obstacle, lui facilitait le moyen de nous écraser avec son artillerie. Dix pièces de la nôtre, que le général fit passer en avant, eurent bientôt renversé cet ouvrage de fortification, qu'on pensait devoir nous arrêter. Les Espagnols qui s'étaient retranchés derrière cette espèce de rempart prirent la fuite à l'aspect de nos aigles, les tambours battaient la charge et pour nos jeunes soldats, on eût dit que c'était un jour de fête.

Cependant l'artillerie espagnole commençait à nous inquiéter, et un gros de paysans armés, embusqués dans le même endroit, faisait une fusillade fort vive sur chaque peloton qui passait sous son feu et qui était dans l'impossibilité de s'y soustraire ni de répondre avantageusement. On ordonna aux compagnies de voltigeurs d'aller s'emparer de cette batterie et de débusquer cette multitude de tirailleurs. Aussitôt les rochers furent gravis, un feu très vif s'engagea; l'ardeur triompha des obstacles et les brigands, forcés dans leur position, furent obligés de prendre la fuite. Nous les poursuivîmes, mais, plus habitués que nous à ces montagnes et n'ayant, eux, aucun bagage, ils parvinrent à nous échapper. Ceux qui tentèrent de nous résister trouvèrent la mort pour prix de leur acharnement.

Un paysan, placé sur la pointe d'un rocher très élevé, n'avait pas discontinué de faire feu pendant le passage des troupes, il paraissait très adroit. Je le fis remarquer à ceux qui se trouvaient près de moi, nous l'ajustâmes, et bientôt, atteint d'un coup mortel, il fut précipité de toute la hauteur sur la route. Il était de la plus haute stature et d'une constitution très robuste, il fixa l'attention de tous ceux qui passèrent auprès de lui. Nous enclouâmes les pièces que nous avait abandonnées l'ennemi. Nous trouvâmes des barils pleins de poudre et de balles coupées, afin de rendre les blessures plus dangereuses. Quelques provisions de bouche, consistant en pain, vin, morue sèche et fromage qu'ils laissèrent, nous furent de la plus grande utilité. Nous avions été très fatigués et, depuis Manzanarès, nous n'avions pas reçu de vivres, le soleil était des plus ardents et n'avait pas peu contribué à épuiser nos forces. J'étais particulièrement très faible, puisque l'on sait que je n'étais sorti de l'hôpital que pour ne point me séparer de la compagnie ; de telles fatigues n'étaient guère propres à hâter ma convalescence, aussi fut-elle très longue.

La cavalerie avait poursuivi les brigands jusqu'à la sortie des gorges où elle nous attendit. Nous arrivâmes ensemble à la Venta où nous célébrâmes cette première victoire. Notre perte avait été peu considérable, celle de l'ennemi l'était davantage; nous avions pris deux paysans les armes à la main, nous les conduisîmes au général qui ordonna qu'ils fussent fusillés. Ils nous prédirent, avant de recevoir le coup fatal, que nous ne tarderions pas à rencontrer des troupes plus exercées qui vengeraient leur mort ; après ces paroles, ces malheureux subirent leur sort avec le plus grand courage.

On avait fait halte pour prendre un peu de repos ; nous fîmes participer aux petites provisions que nous avions trouvées dans le bivouac espagnol, ceux de nos camarades qui n'avaient pas été aussi heureux. J'éprouvai, dans cette circonstance, que si les compagnies d'élite, celles de voltigeurs principalement, sont souvent plus exposées, elles font aussi, plus fréquemment que les compagnies du centre, des découvertes qui ne laissent pas que d'être avantageuses, car tandis que les unes manquent du nécessaire, les autres ont quelquefois de tout en abondance.

Pendant que nous nous reposions, un nouveau combat se livrait, mais dont l'issue ne pouvait être tragique. Plusieurs soldats qui s'étaient enfoncés dans une petite vallée, dans l'espérance de trouver quelque source pour se désaltérer, rencontrèrent une trentaine de ruches de mouches à miel qui probabement appartenaient au maître de la Venta abandonnée. Voulant s'emparer de leur suc, ils renversèrent les paniers qui les renfermaient et se saisirent des gâteaux de cire et des rayons qu'ils trouvèrent. Les abeilles voulurent disputer à ces soldats le fruit de leur travail; on eût dit qu'elles étaient toutes d'un commun accord, elles tombèrent à la fois sur ceux qu'elles considéraient comme leurs ennemis, et les forcèrent, à coups d'aiguillons, de leur céder la place. Nous rîmes beaucoup, en voyant la retraite précipitée de ces hommes qui, une heure auparavant, avaient été vainqueurs d'une armée d'espagnols et qui se trouvaient alors vaincus par un essaim d'abeilles.

Nous nous remîmes en marche et arrivâmes le soir à Santa-Héléna où nous établîmes notre bivouac.

Nous eûmes une alerte dans le milieu de la nuit, mais le calme fut aussitôt rétabli. Nous quittâmes cet endroit pour aller à La Carolina, nous y séjournâmes. Les vivres nous manquaient, on trouva dans la ville du lard, quelques légumes secs et du vin dont il fut fait une ditribution. Quant au pain, il n'y en eut qu'un de délivré par compagnie et destiné aux officiers. Je fus assez adroit ou heureux pour conserver le bon que j'avais pour le recevoir, et m'en servir une seconde fois à mon avantage. Jamais pain ne m'avait paru meilleur.

Nous apprîmes que des officiers français et l'épouse de l'un d'eux qui était enceinte avaient été livrés par les habitants de cet endroit à une mort cruelle : ces infortunés furent sciés entre deux planches. Nous quittâmes la Caroline et arrivâmes à Baylen le 29 juin. Nous trouvâmes sur notre route un village habité par des Allemands. Cet endroit se nomme Guaraman.

A Baylen, les troupes que nous avions trouvées à Madrilejos, soit cavalerie, soit infanterie, nous quittèrent pour aller rejoindre la division du général Dupont qui occupait Andujar. Nous établîmes notre camp, dans la plaine qui se trouve sur la droite, en sortant de Baylen, pour aller à Cordoue. Nous nous construisîmes des baraques en cannes couvertes de paille, pour nous garantir de l'ardeur du soleil, mais malgré nos précautions, nous eûmes beaucoup à souffrir de la chaleur qui était excessive. Nous étions, du reste, assez bien ; nous avions des vivres en abondance, mais nous ne pouvions faire partager cet avantage à la 1re division sans risquer d'épuiser les magasins que nous aurions eu de la peine à approvisionner de nouveau. Cependant, la disette se faisait sentir à la première division. On donnait un pain de munition pour 18 hommes et l'on ne pouvait espérer de continuer s'il n'arrivait bientôt des secours. Le général Vedel en fut instruit; il fit partir pour la ville de Jaen, située à huit lieues de distance, un corps de troupe composé de la 1re légion forte de 1.140 hommes, d'un détachement de dragons de 118 hommes et de 30 artilleurs ou soldats du train pour le service d'une pièce de canon et d'un obusier, au total 1.288 hommes. Cette petite armée était commandée par M. le général de brigade, baron Cassagne, M. Batz, chef de bataillon des marins de la garde et M. Molard, major commandant la 1re légion. Le but de notre expédition était de lever une réquisition de vivres et de la conduire à Andujar au général Dupont. Nous partîmes le 30 juin au soir de Baylen ; nous allâmes bivouaquer sur la rive du Quadalquivir en face de Manjibar ; nous évitâmes de faire aucun feu qui puisse nous faire apercevoir ; nous passâmes la rivière avant le jour, à l'aide d'un bac ; nous traversâmes Manjibar et arrivâmes devant Jaen, vers les quatre heures du soir.

La chaleur avait rendu la marche très pénible ; une partie des soldats se trouvait en arrière de la colonne, malgré les dangers auxquels ils s'exposaient et qu'on ne cessait de leur représenter. Quand nous fûmes à une certaine distance de la ville, nous nous aperçûmes des dispositions que les Espagnols avaient faites pour nous recevoir et nous ne pûmes douter que le combat ne tarderait pas à s'engager. Le général nous fit former en bataille, envoya un parlementaire, lequel ne put approcher, les Espagnols ayant fait feu sur lui, quand ils le jugèrent à portée. Les Espagnols étaient réunis au nombre de quatre à cinq mille hommes et occupaient d'excellentes positions sur un plateau ou tertre élevé ; en avant et à gauche de la ville se trouvaient, rangés en bataille, plus de 1.500 paysans; plusieurs jardins, sur la rive droite, en renfermaient aussi un grand nombre ; le reste était répandu dans les montagnes qui s'élèvent en amphithéâtre derrière la ville et dont le sommet de la plus haute est couronné par un fort dont l'approche était défendue par des troupes de ligne et des paysans.

Au premier coup de fusil qui fut tiré par les Espagnols sur nos parlementaires, les soldats qui, épuisés de fatigue, se trouvaient à quelque distance derrière la colonne, retrouvèrent de nouvelles forces. Un instant suffit pour les réunir. Nous avançâmes en bon ordre, au pas de charge et l'arme au bras. Le 1er bataillon appuyant à droite du côté des jardins, le 2ᵉ au centre, sur la route et la 3ᵉ se dirigeant sur la gauche. Arrivés à portée de pistolet, les Espagnols rangés en bataille sur le plateau, firent sur nous une décharge terrible. Nous ne leur laissâmes pas le temps de recharger leurs armes ; nous avançâmes rapidement sur eux, en croisant la baïonnette ; ils ne nous attendirent pas et prirent la fuite dans un grand désordre. Le 1ᵉʳ bataillon et le 2ᵉ n'eurent pas moins de succès, ils débusquèrent des jardins l'ennemi qui s'y tenait caché, le traquèrent dans les montagnes et allèrent s'emparer du fort après en avoir chassé les Espagnols.

De notre côté, nous poursuivîmes les fuyards ; un jeune enfant de huit à neuf ans, tambour dans la première légion, s'étant trop avancé dans la ville, fut pris, en battant la charge, par des paysans. Ils se disposaient à le massacrer, quand un officier espagnol survint et le retira de leurs mains, en leur ordonnant de ne lui faire aucun mal. A peine cet officier se fut-il éloigné qu'ils s'emparèrent de nouveau de cet enfant et le tuèrent à coups de baïonnettes. Ces barbares ne tardèrent pas à recevoir le châtiment de leur cruauté, deux grenadiers français les ayant aperçus coururent à eux et leur sang se mêla bientôt à celui de leur victime.

Parmi les scènes d'horreur que la guerre enfante,

il en est qui répugnent à retracer, surtout lorsque le personnage le plus odieux est rempli par un compatriote ; cependant, comme je me suis imposé le devoir d'écrire tout ce que j'ai vu, je vais donc remplir cette tâche, toute pénible qu'elle est, en racontant fidèlement ce dont j'ai été le témoin.

Etant entré dans une rue de la ville avec mon lieutenant, nous aperçûmes à une assez grande distance de nous un soldat portant l'uniforme français, et plus loin une femme sur le seuil de sa maison qui montrait à son enfant de l'âge de quatre à cinq ans, ce militaire qui nous précédait. Cette femme, pour obéir à un mouvement d'humanité, avait réuni diverses provisions de bouche et en avait rempli le tablier que son enfant avait devant lui, puis s'étant assurée qu'aucun Espagnol ne pouvait lui voir faire cet acte de générosité envers un ennemi, action qui lui aurait coûté la vie, elle envoya cette innocente créature présenter au premier Français qui s'offrit à ses regards, ces secours qu'elle pensait devoir être accueillis avec reconnaissance.

A peine cet enfant eut-il reçu les ordres de sa malheureuse mère qu'il la quitta pour accourir vers ce soldat, pressant sa marche et semblant craindre de ne pas arriver assez tôt pour faire accepter son présent. Tout à coup le soldat s'arrête, nous pensons que quelque paysan armé vient de se montrer, il arme son fusil et ce n'est que lorsque le coup est parti et que la balle a percé le cœur du pauvre petit enfant, qu'il ne nous est plus permis de douter de son abominable intention. Cette mère infortunée s'est aperçue du geste du soldat, elle s'élance, mais n'arrive point assez tôt pour garantir la victime du coup qui lui est destiné. Ce misérable allait commettre un second crime, mais nous arrivâmes à temps pour l'en empêcher. Mon lieutenant ne peut se contenir, il se précipite sur cet homme féroce et l'atteint d'un coup d'épée, mais ne le blesse point assez grièvement pour qu'il ne puisse lui échapper par une prompte fuite. Plusieurs coups de feu se font entendre devant et derrière nous et nous sommes obligés d'abandonner la malheureuse mère qui, chargée du corps inanimé de son fils dont les traits ne sont point défigurés, se hâte de gagner sa demeure.

Nous reprenons la route du camp, mais avant d'arriver nous passons près du cadavre d'un Français et nous le reconnaissons pour celui de l'homme que mon lieutenant venait de blesser. Les coups de fusil tirés derrière nous ayant sans doute été dirigés sur lui l'avaient atteint mortellement. Ce monstre n'avait pas encore vingt ans.

Le lendemain, 2 juillet, le général, aussi habile négociateur que brave militaire, fit parvenir aux Espagnols plusieurs proclamations pour les engager à rentrer dans leurs maisons, les assurant que s'ils se conformaient à ses désirs leurs propriétés et leurs personnes seraient respectées. Ces proclamations produisirent l'effet qu'il désirait ; avant onze heures, plus de la moitié de la population était rentrée, mais cinq mille hommes de l'armée du général Castaños étant venus renforcer les Espagnols auxquels nous avions eu affaire la veille, la paix fut bientôt troublée. Le feu s'engagea de nouveau ; les Français qui occupaient le fort furent obligés de l'évacuer et de venir se joindre à nous ; les habitants abandonnèrent de nouveau leur demeure. Le fort et la ville étaient alternativement en notre possession, mais nous ne pouvions garder l'un et l'autre, nos forces étant insuffisantes.

Sur le soir le feu se ralentit. Toutes les troupes françaises étaient au bivouac sur le plateau. Le général et son état-major se trouvaient au centre, dans une baraque formée de quelques branches et couverte en paille. On lui amena un homme qui venait d'être pris dans les environs du camp pour la troisième fois. Cet Espagnol était un espion auquel deux fois on avait fait grâce ; mais, cette fois, le général crut devoir agir avec sévérité. J'étais assez près de lui, je l'entendis dire aux officiers supérieurs qui étaient à ses côtés : « Notre position est trop critique pour que je n'obéisse point aux lois impérieuses de la nécessité. Je dois sacrifier ce malheureux à la sûreté des braves que je commande. » Puis s'adressant à moi, il ajouta : « Allez vous défaire sans bruit de cet individu. » J'étais resté immobile, je ne pouvais me déterminer à obéir à un tel ordre, quand un sergent-major de grenadiers, M. Dend...t, ancien militaire, me tira de cet embarras en s'emparant de celui qui venait d'être condamné ; il m'invita à le suivre. Il conduisit ce vieillard derrière un pan de muraille en ruine, et là, l'ayant pris au collet, il lui passa son sabre au travers du corps.

La journée du 3 fut encore plus chaude que celle du 2 ne l'avait été. Le combat s'engagea à la pointe du jour. Le général fit ranger la 1re légion en ordre de bataille : le 1er bataillon faisant face à la ville, le 2e et le 3e achevaient l'équerre en bordant le plateau qui s'étendait en avant de la ville sur le côté gauche de la route, et qui faisait face aux jardins et à un couvent qui en était très près. Les croisées de ce bâtiment étaient garnies de moines qui faisaient pleuvoir sur nous une grêle de balles. Les jardins étaient remplis de tirailleurs espagnols. La plaine était couverte de leur cavalerie, composée d'un régiment de dragons de la reine, d'un régiment de hussards, dits hussards de Cordoue et de plusieurs régiments de grosse cavalerie ; la nôtre était à notre droite. Notre obusier et notre pièce de canon ne discontinuaient pas de faire feu. Plusieurs bâtiments de la ville, sur lesquels quelques obus avaient été lancés, étaient devenus la proie des flammes, quand nous aperçûmes une quinzaine de dragons de la reine se détacher de la masse et monter sur le plateau, malgré le feu que fit sur eux un de nos avant-postes composé de six hommes commandés par un caporal. Ces hommes avaient à leur tête un jeune officier âgé de seize à dix-sept ans ; ils arrivèrent jusqu'à notre pièce de canon, qu'on venait de mettre à l'avant-train. Un de ces cavaliers renversa le soldat qui était monté sur un des chevaux attelés à la pièce et prit sa place, les autres l'entourèrent et ils avaient déjà fait quelques pas pour l'emmener quand notre chef de bataillon nous fit faire demi-tour et faire feu sur ces hommes téméraires. Un seul échappa de cette folle entreprise en se précipitant de plus de quinze pieds de hauteur sur la route. Son cheval s'était blessé dans cette chute ; il se dégagea heureusement et parvint sans accident à regagner son régiment en passant sous le feu de deux ou trois compagnies. L'officier qui commandait ces hommes déterminés et qui périt dans l'action était le neveu du général Redding, frère du gouverneur de Mayorque.

A onze heures, les munitions commençaient à nous manquer, le général chargea le chef de bataillon des marins de la garde de prendre avec lui les trois compagnies de voltigeurs et d'aller de nouveau s'emparer du fort que les nôtres avaient été obligés d'abandonner, lui conseillant d'éviter autant que possible de brûler de la poudre inutilement, les circonstances nous la rendant trop précieuse pour la prodiguer.

Il se mit donc à notre tête. A peine eûmes-nous quitté notre position qu'on aperçut dans la plaine plusieurs corps de troupe. Nous ignorions ce que ce pouvait être, nous nous arrêtâmes ; un adjudant-major, M. Wuillemot, accourut vers nous et nous dit : « Nous sommes sauvés, mes amis, nous étions en danger, mais heureusement ce sont des Français, la victoire ne sera pas longtemps incertaine. » Ces troupes arrivaient en toute hâte. Bientôt elles furent assez près de nous, et ce ne fut pas sans quelque peine que nous reconnûmes qu'elles venaient renforcer les Espagnols. Le commandant Batz, dont la bravoure est connue et qui périt glorieusement à Brienne, sur le pont, en 1814, se tourna vers nous et nous dit : « Les forces des ennemis sont doublées, eh bien, redoublons de courage et la balance sera toujours égale ; il ne faut qu'un instant pour la faire pencher en notre faveur. Voltigeurs, en avant ! »

« En avant ! en avant ! » répondîmes-nous spontanément. Les paroles de ce chef intrépide avaient sur tous nos cœurs produit l'effet de l'étincelle électrique. Nous nous crûmes invincibles en l'ayant à notre tête, et souvent, j'ose le dire, il fut obligé de tempérer l'ardeur de nos jeunes soldats. Les trois compagnies étaient en colonne par section ; la route ne nous permettait pas encore de nous étendre.

L'ennemi, quoique nombreux, fuyait devant nous, quand plusieurs corps de cavalerie qui étaient sur notre droite firent un mouvement et démasquèrent une batterie de douze à quinze pièces d'artillerie qui commencèrent à jouer sur nous avec force ; les boulets nous ayant enlevé plusieurs soldats, le commandant changea ses dispositions et nous fit marcher par le flanc et dédoubler la file. De cette manière, leur tir ne pouvait nous faire autant de mal. Nous fûmes obligés d'abandonner sur le terrain, malgré leurs prières et leurs cris, ceux de nos malheureux camarades qui avaient été blessés et qui étaient tombés à nos côtés.

Le commandant nous fit bientôt faire halte, s'étant aperçu que la retraite de l'ennemi n'était qu'un piège qu'il nous tendait dans le dessein de nous attirer et de nous envelopper, ce dont nous pûmes nous convaincre, la montagne se couvrant de paysans et de soldats qui descendaient en toute diligence sur nos derrières ; mais ils s'arrêtèrent en même temps que nous, ne jugeant pas à propos d'en venir aux prises.

Ici le commandant Batz nous quitta, et en compagnie d'un fourrier de son arme qui lui servait d'aide de camp, il rejoignit le quartier général, ayant laissé à mon capitaine le commandement des trois compagnies, lui ayant enjoint de ne point avancer sans avoir reçu d'ordres ultérieurs. Nous étions dans une assez mauvaise position et aurions désiré en changer promptement. On nous amena cinq suisses du régiment de Redding, en nous recommandant de les traiter comme des frères, puisqu'ils venaient de se rendre volontairement à nous. Déjà ils étaient dans nos rangs et avaient distribué aux voltigeurs quelques petites provisions qu'ils avaient, quand on vint dire au capitaine, par ordre supérieur, de les faire fusiller sur-le-champ. Les ayant fait mettre quelques pas en arrière de nous, le capitaine commanda une dizaine d'hommes et l'ordre fut exécuté; ces malheureux, qui venaient de fraterniser avec nous, se jetèrent à genoux dès qu'ils virent que leur mort était certaine, mais, hélas! il fallut obéir. Quatre tombèrent du premier coup, et l'on fut obligé de venir tirer sur le cinquième à bout portant.

Un fâcheux accident venait d'avoir lieu sur le plateau : les Espagnols, en fuyant le 1er juillet, avaient renversé quelques barils de poudre qui s'était trouvée recouverte par la paille qui y était amoncelée et qu'on avait étendue pour se coucher. Cette poudre s'étant enflammée sous les pieds de nos soldats, fit, par son explosion, sauter deux compagnies qui se trouvaient en bataille sur ce terrain : plusieurs hommes perdirent la vie dans les flammes et soixante à quatre-vingts furent blessés grièvement, une grande partie furent privés de la vue. Il était impossible d'en reconnaître aucun, tant ils étaient défigurés. Cette catastrophe faillit nous perdre. Les Espagnols voulurent profiter du désordre que cet événement avait occasionné, mais ils furent repoussés. Malheureusement, les munitions nous manquèrent; on en était réduit à attendre que les Espagnols eussent tiré pour faire courir après les boulets et les leur renvoyer, leur calibre étant moins fort que le nôtre. Situation bien critique pour des troupes qui sont environnées de toutes parts.

Un aide de camp vint transmettre au capitaine l'ordre d'aller s'emparer du fort, nous nous mîmes en marche, épuisés de besoin et de fatigue. Nous gravimes les rochers sous le feu de plusieurs bataillons embusqués et d'un grand nombre de tirailleurs. Cependant nous arrivâmes au sommet de la montagne, non sans avoir laissé quelques hommes, car nous pouvions considérer comme perdus, ceux qu'une blessure même légère, empêchait de suivre. L'ennemi en sortait, nous y entrâmes et nous nous félicitâmes d'être arrivés à temps pour sauver de la mort deux Français qui, garrottés, étaient étendus sur des branches enflammés auprès d'un troisième qui était déjà mort étouffé par la fumée du bûcher que ces scélérats avaient allumé à notre approche. A quelques pas de là, un quatrième avait été percé de vingt coups de baïonnette. Nous avions en montant fait deux prisonniers, on les conduisit devant cet affreux spectacle, ils nous supplièrent de leur faire grâce de la vie.

Notre intention n'était que de les effrayer, aussi réussîmes-nous complètement. On les questionna et leurs réponses étaient toujours que les prêtres seuls excitaient les habitants des campagnes à commettre ces atrocités, en leur disant que Dieu exigeait ces actes de barbarie.

Nous restâmes dans le fort jusqu'à minuit, quand deux officiers bien armés, guidés par un paysan qu'on avait fait prisonnier, vinrent dire au capitaine de la part du général, d'abandonner le fort et de rejoindre le reste des Français qui se trouvaient campés sur le plateau, en lui recommandant surtout que cette évacuation se fasse sans bruit. On ordonna, en conséquence, le plus grand silence ; on fit retirer les baïonnettes et mettre l'arme sous le bras gauche, et de cette manière nous descendîmes la montagne. Notre marche avait quelque chose de sinistre ; le calme de la nuit n'était interrompu que par le cri des sentinelles qui était répété par les nombreux échos : « Sentinella alerta ! » criaient les Espagnols, « Sentinelles prenez garde à vous ! » criaient d'un autre côté les Français. Nous craignions que notre guide ne nous fît tomber dans quelque poste espagnol, mais heureusement nous gagnâmes sans accident un des faubourgs de la ville. Nous en traversâmes une partie ; les rues étaient couvertes de cadavres des deux partis. Nous passâmes devant le couvent dont les moines avaient le matin fait sur nous un feu si soutenu, il était la proie des flammes. Nous arrivâmes enfin sur le plateau ; tout était sous les armes, mais le silence régnait dans tous les rangs. On se disposait à battre en retraite à la faveur de l'obscurité.

Nous avions été vainqueurs pendant trois jours, mais le manque de munitions joint à la perte que nous avions éprouvée et qu'on pouvait évaluer à 300 hommes tués et 150 blessés, nous forçaient à prendre ce parti. En effet, nous étions réduits à 840 hommes en état de combattre. Les forces de l'ennemi pouvaient s'accroître dans la nuit et nous écraser le lendemain. Nous étions donc dans la nécessité d'abandonner un champ de bataille sur lequel les Français n'avaient cessé de faire des prodiges de valeur ; aussi, dans le fort de l'action, le général s'était écrié dans un accès d'enthousiasme : « Il n'est plus ici de conscrits, ces jeunes gens se battent aussi bien que nos vieux soldats », puis se tournant vers notre major il ajouta : « Je le jure sur mes épaulettes, il sera fait mention de la 1re légion dans les fastes de la France. »

On se disposa à se mettre en route. On fit mettre à pied notre cavalerie pour placer sur les chevaux les blessés qui pouvaient s'y tenir ; les caissons en furent chargés. Ceux qui pouvaient marcher suivirent, mais nous fûmes, malgré leurs prières et leurs larmes, forcés d'abandonner dans la maison qui servait d'ambulance et qui se trouvait dans la plaine au pied du plateau, ceux qui ayant été amputés ne pouvaient supporter les cahots des voitures ou dont on n'espérait point de guérison. Ces malheureux étaient à peu près au nombre de quarante, ils nous conjuraient de mettre fin à leur existence si nous ne pouvions pas les emmener. Nous leur donnâmes les consolations qui furent en notre pouvoir et reprimes le chemin de Baylen.

La flamme, cruellement officieuse, de l'incendie de quelques bâtiments de la ville, éclaira notre marche jusqu'à une assez grande distance et nous faisait craindre d'être aperçus. Malgré le silence recommandé, la douleur occasionnée par les cahots des voitures arrachait des cris aigus à nos malheureux blessés, enfin nous nous trouvâmes dans l'obscurité; en montant une côte, une de ces petites voitures en forme de cage, qui servent aux Espagnols à transporter de la paille hachée, se renversa sens dessus dessous dans un ravin, elle était remplie de ces victimes de la guerre; plusieurs furent écrasées. On voulait allumer quelques torches de paille pour pouvoir les secourir, mais le général s'y opposa trouvant ce moyen trop dangereux et quoi qu'il en coûtât à son cœur sensible, on laissa sous la charrette ceux qu'on ne put en tirer et dont les blessures ne leur permettaient point de s'aider à en sortir.

IV

BAYLEN (*suite*), COMBAT. — CAPITULATION. — CRUAUTÉ
DES ESPAGNOLS POUR LES PRISONNIERS

A la pointe du jour nous entrâmes dans Manjibar.
Le besoin de vivres engagea des soldats à entrer dans ce bourg. Le général craignant qu'un tel désordre devint funeste cria : « Aux armes ! » Chacun se pressa de rejoindre son rang. Ceux qui se trouvaient trop chargés du butin qu'ils avaient fait, le jetèrent sur la route qui, dans un instant fut couverte de pièces des plus riches étoffes, tels que velours de soie, draps, toiles fines, etc... Quelques-uns jetèrent même des pièces d'argenterie de la plus grande valeur, dont le poids les gênait dans la marche. On se hâta de traverser le Quadalquivir à l'aide du bac qui nous avait déjà servi. Beaucoup même l'ayant trouvé guéable en plusieurs endroits n'attendirent pas plus longtemps.

Quand tout le monde fut passé on fit halte, nous étions alors à l'abri de toute surprise et dans une position plus favorable pour nous défendre, si l'on venait nous attaquer. Nous restâmes environ une heure, après quoi nous continuâmes notre route. Nous arrivâmes le 4 juillet vers les deux heures de l'après-midi à Baylen où nous retrouvâmes le reste de la division. Dès qu'on nous eut aperçus, un grand nombre de nos camarades vinrent à notre rencontre pour se réjouir avec nous de notre retour, mais leur joie fut tempérée par la connaissance de notre perte et par la vue de nos blessés. Ceux qui avaient été brûlés par l'explosion sur le plateau, étaient dépouillés de toute espèce de vêtements, leur vue faisait éprouver un sentiment d'horreur ; ils étaient aussi noirs que des Africains, leur peau tombant en lambeaux de toutes les parties de leur corps, exposait à l'ardeur du soleil des plaies vives qui leur faisaient souffrir des tourments insupportables.

Nous arrivâmes au camp où nous reçûmes les félicitations de tous ceux que nous y avions laissés ; on conduisit à l'hôpital tous les militaires blessés ; il en périt beaucoup dans les premiers jours, surtout de ceux qui avaient été brûlés. Peu de temps après, sous une escorte de 50 hommes, on évacua le reste sur Madrid ; dans le nombre se trouvèrent plusieurs officiers dont un chef de bataillon de notre légion. Nous fûmes bientôt délassés de nos fatigues ; pour moi, je me livrais aux plaisirs que pouvait offrir la ville de Baylen ; ils sont très innocents, car à l'exception de ceux de la table, je ne crois pas qu'il soit possible de s'en procurer d'autres.

Un jour que j'étais allé, comme de coutume, prendre des glaces dans une botilleria, j'entendis du bruit dans la rue, je sortis et vis tout le monde en alarme ; le feu venait de prendre aux baraques du camp qui, comme je l'ai dit, étaient construites de paille et de roseaux ; les flammes s'élevaient à une hauteur prodigieuse. Les habitants craignaient pour la ville ; on parvint, malgré qu'il fît un peu de vent, à en arrêter les progrès et bientôt à l'éteindre totalement.

Le soir, M. B..., mon ancien sergent-major vint me trouver ; sa baraque avait été brûlée. Il m'apprit que sur 500 lettres qu'il avait reçu la veille, une seule avait pu être sauvée de l'incendie, puis il ajouta : « Je me félicite de pouvoir vous la remettre, car elle est à votre adresse. » Je l'interrompis pour le remercier de cette attention. Le plaisir, l'espérance et la crainte faisaient battre mon cœur. Je me hâte de l'ouvrir ; mais, ô douleur ! mon tendre père n'est plus. Mon cœur se serre ; j'étouffe et ne peux trouver de larmes pour me soulager. Combien j'aurais désiré que cette fatale lettre eût éprouvé le sort de toutes les autres. Je me retraçai de nouveau les derniers adieux qu'il me fit et, dans ce moment même, malgré l'espace de temps qui s'est écoulé depuis ce cruel événement, je sens mes yeux s'obscurcir et je suis obligé de quitter la plume.

Le 14 juillet, j'étais allé dans la ville pour différents motifs, de retour au camp, j'appris que ma compagnie avait été commandée de grand'garde et qu'elle était à une lieue de là, dans la plaine. Je fus contrarié de cette nouvelle, il n'y avait point de sergent-major depuis Manzanarès. J'en remplissais les fonctions et mon absence pouvait être nuisible. Je pris mes armes, et malgré les dangers auxquels un homme voyageant seul était exposé, je pris le chemin qu'on m'indiqua. Quand je fus à moitié chemin, j'aperçus trois paysans, qui passant d'un champ sur la route, se dispossaient à me barrer le passage; l'un avait une escopette. Je ne ralentis point ma marche, ils auraient pu croire qu'ils m'avaient inspiré de la frayeur. Tout à coup, ils s'arrêtèrent : celui qui avait une escopette me mit en joue et la balle me vint siffler aux oreilles. J'avais eu la précaution de charger mon fusil; je l'ajustai, et, plus heureux, je n'oserais dire plus adroit que lui, je l'atteignis et le blessai. Enhardi par ce succès, je courus sur eux à la baïonnette. Ils ne m'attendirent pas et prirent la fuite à travers la campagne. Je ne cherchais pas à les poursuivre; cette tentative eût pu me devenir funeste. Je doublai le pas et arrivai sans autre accident à la compagnie. Je racontai mon aventure à mon capitaine qui, tout en me félicitant, me blâma de m'être ainsi exposé. Il me demanda ce que je pensais de la position qu'il avait prise pour passer la nuit. Je lui observai qu'il n'avait peut-être pas remarqué qu'à vingt pas derrière lui était un fossé qui, s'il était obligé de se reployer, pourrait entraver l'opération de sa retraite. La réponse qu'il me donna fût celle d'un brave. Il me dit qu'il était étranger à cette sorte de manœuvre. Je lui objectai que la valeur ne pouvait, dans aucun cas, exclure la prudence; du moins que tel était mon avis et que ce n'avait été que pour lui obéir que je m'étais permis de lui faire une semblable observation. Il me répondit que, loin d'en avoir été choqué, il me savait gré de ma franchise, et dans l'instant même, il fit prendre les armes est porter la compagnie en arrière du fossé. De plus, il envoya, sur une nouvelle proposition que je lui fis, quatre voltigeurs avec des haches, couper des branches d'olivier pour former autour des sentinelles avancées une espèce de rempart avec ces abattis; de cette manière, nous étions à l'abri de toute surprise. Nous passâmes la nuit sans autre accident qu'une fausse alerte que donna une sentinelle qui, croyant avoir entendu et vu quelqu'un, fit feu après avoir inutilement crié : « Qui vive ! » Le capitaine se borna à lui faire une sévère réprimande et le mit à ma disposition pour lui faire faire quelques corvées.

Le lendemain, un dragon d'ordonnance arriva dans l'après-midi, il était porteur d'une dépêche pour le capitaine : elle portait l'ordre de nous rendre de suite à Baylen. Après avoir fait relever tous les postes, nous partîmes et trouvâmes toute la division prête à partir. Nous prîmes la route de Jaen et nous pensâmes que c'était une seconde tentative sur cette ville. Cependant, quand nous fûmes à la vue de Mangibar, au lieu de descendre sur la rive du Guadalquivir pour le traverser, nous prîmes position sur les hauteurs, nous étendîmes notre ligne. L'ennemi était en assez grand nombre de l'autre côté du fleuve et pouvait sans peine apercevoir les aigles françaises, placées au centre de chaque bataillon.

Déjà, les feux de bivouac étaient allumés, l'ennemi avait pu juger de nos forces par l'étendue du terrain que nous occupions, quand, sans bruit, on ordonna un changement de direction. Nous laissâmes en cet endroit quatre ou cinq cents hommes, pris dans différents régiments qui, sans cesse en mouvement, donnèrent le change à l'ennemi. Pour nous, nous descendîmes des hauteurs pour prendre un chemin de traverse et nous rendre à Andujar, à l'effet de faire notre jonction avec la 1re division commandée par le général en chef, comte Dupont.

La nuit survint; le chemin était impraticable. L'artillerie, les caissons, les équipages, rencontraient à chaque instant des obstacles. Jamais marche de nuit ne fût plus pénible ; tantôt c'était une pièce de canon qui tombait dans un ravin, un instant après une voiture ; il fallait les en retirer ce qui demandait toujours beaucoup de temps et un travail que l'obscurité rendait très difficile. Nous dormions en marchant et ne faisions jamais plus de six à huit pas sans être forcés de nous arrêter, enfin, nous mîmes quinze heures pour faire deux lieues. Il était près de deux heures après-midi, le 16, quand nous rejoignîmes la grande route qui conduit de Baylen à Andujar. Nous fûmes contraints à abandonner un parc de bestiaux assez considérable et près de vingt voitures d'équipages, que nous ne pûmes parvenir à faire sortir des rochers. Durant toute cette journée, la canonnade se fit entendre. Nous pouvions même distinguer les feux de peloton et de bataillon.

Ce combat s'était engagé à la pointe du jour ; les Espagnols s'étaient aperçus, pendant la nuit, que la majeure portion des troupes françaises qui avaient pris position devant Manjibar en était partie. Ne doutant point du succès, ils attaquèrent ce qui restait. Ces faibles détachement ne purent leur résister longtemps, ils se replièrent en désordre sur Baylen et perdirent beaucoup de monde. Ce ne fut que lorsqu'ils rencontrèrent une partie de la division Gobert qu'ils tentèrent de se rallier. L'ennemi venait de s'arrêter et la victoire se rangeait, comme de coutume, sous les aigles françaises, sans un fatal accident qui, en répandant la consternation parmi les nôtres, anima d'une nouvelle ardeur les bandes des insurgés, soutenues par quelques régiments de troupes de ligne espagnols. Le général Gobert, emporté par son courage et oubliant qu'il se devait aux soldats qu'il commandait, voulut, par une charge de cavalerie, décider cette affaire ; il fit avancer un régiment de cuirassiers, se mit à leur tête et courut, avec la rapidité de l'éclair, porter le trépas et l'effroi au milieu des rangs espagnols; trois fois il perça leur ligne, mais atteint d'une balle à la tête, il fut renversé, et ses dernières paroles furent pour sa patrie et pour les braves qu'il commandait. Il pensait que le salut de ces derniers ne pouvait être que dans l'évacuation de la péninsule. Ses soldats, ne songeant qu'à la perte qu'ils venaient de faire, ne tâchèrent point de profiter de l'avantage qu'ils avaient dans ce moment, et ne s'occupèrent qu'à retirer de la mêlée le corps de ce brave général qu'ils transportèrent dans sa voiture où il expira quelque temps après.

Nous pensions, au contraire, en entendant le bruit du canon s'éloigner, que les Français, ayant obtenu l'avantage sur l'ennemi, le poursuivaient toujours. Le général Vedel, laissant aux équipages le 3ᵉ bataillon de notre légion, n'avait pas même attendu qu'ils fussent entièrement sortis des gorges. Il avait, avec le reste de la division, pris le chemin d'Andujar. Il rencontra, à quelque distance des rochers, sur la gauche de la route, une plaine, dans laquelle étaient, en bataille, plusieurs régiments de cavalerie, quelques pièces d'artillerie et un bataillon d'infanterie espagnole, lesquels s'éloignèrent à son approche; il ne s'arrêta point, voyant que l'ennemi cherchait à l'éviter.

Après avoir abandonné ce que nous n'avions pu faire sortir des ravins, nous nous disposions à nous mettre en marche; l'ennemi s'était rapproché de la route, tout à coup un nuage de poussière s'élève derrière nous, au-dessus des arbres ; nous nous arrêtons. M. le capitaine Mingavy, qui commandait le bataillon, invite mon capitaine, puisque sa compagnie était à la gauche, à lui faire faire demi-tour, puis envoie deux ou trois dragons reconnaître. Ces hommes n'osèrent apparemment pas s'approcher; ils revinrent à toute bride annoncer que c'était de la cavalerie espagnole. La compagnie avait, d'après les ordres de notre capitaine, croisé la baïonnette; bientôt, on entendit le galop des chevaux. Le commandant du bataillon s'était rangé par prudence près d'une maison de poste qui se trouvait à droite du pont et de là cria de faire feu. Mon capitaine, qui avait conservé plus de sang-froid, voulut avant de commander, attendre qu'on pût tirer à bout portant, le commandant réitéra le même ordre; on allait l'exécuter, quand, heureusement, on s'aperçut que c'était un détachement de cuirassiers français qui escortait un officier. On s'empressa de féliciter mon capitaine, qui venait par son courage de sauver le bataillon, car il est hors de doute que l'ennemi qui était fort près, en entendant le premier coup de fusil, serait tombé sur nous et nous aurait infailliblement écrasés. Les Espagnols, pensant que c'était un renfort que nous venions de recevoir, s'éloignèrent un peu. Le commandant du bataillon, qui n'avait sans doute pas d'ordre de rester avec son bataillon entier pour la garde des équipages, n'y laissa que la 8e compagnie et celle de voltigeurs, dont je faisais partie, puis, se hâta, avec les sept autres compagnies, de rejoindre la division.

Nous n'étions pas en sûreté; le nombre des voitures d'équipages n'aurait pu que nous nuire si nous eussions été attaqués, heureusement, il n'en fut rien. Nous trouvâmes sur la route un assez grand nombre de militaires français assassinés. Nous en remarquâmes que l'on avait enterrés vifs jusqu'à l'estomac et auxquels, par une cruauté inouïe, on avait coupé le bout des doigts afin de leur ôter le moyen de se délivrer de cette affreuse situation. Plusieurs avaient les yeux, la langue et les dents arrachés, d'autres, mutilés horriblement, avaient dans la bouche leurs parties naturelles.

Nous arrivâmes à huit heures du soir dans le camp du général Dupont, qui n'était séparé de celui des Espagnols, au nombre de 80.000, que par la rivière, leurs lignes occupaient toutes les hauteurs.

Nous étions abimés de fatigue, mais satisfaits d'être réunis à la 1ʳᵉ division. On fit une distribution d'eau-de-vie et de biscuits. Après avoir un peu réparé nos forces, nous pensions à goûter les douceurs du sommeil quand on nous fit prendre les armes; le général Dupont venant de donner l'ordre au général Vedel de battre en retraite et d'aller s'emparer du passage des gorges. J'ignore les motifs qui empêchèrent le général Dupont de partir en même temps que nous. Je n'oserais former un soupçon, mais l'opinion de beaucoup de personnes était que ses équipages, qui étaient chargés d'immenses richesses, n'étaient pas encore prêts. Quoi qu'il en soit, à neuf heures du soir, nous reprîmes la route de Baylen.

Les Espagnols, en jetant quelques obus, avaient mis le feu à un champ de blé, l'incendie gagna une superbe plantation d'oliviers et éclaira notre marche jusqu'à une assez grande distance. La nuit devint obscure, on marchait comme la nuit précédente, tout en dormant. Soudain un bruit confus de pas, de cliquetis d'armes se fait entendre, tous les rangs se rompent, le désordre est à son comble. La division entière se jette dans un petit bois qui borde le chemin; pour y arriver, il faut franchir un petit fossé, plusieurs y tombent et l'on marche sur leur corps pour éviter un péril imaginaire, quelques-uns même furent blessés. Cependant on parvint à se rallier et l'on finit par rire de cette terreur panique qui, cependant, se renouvela encore deux autres fois, sans qu'on en pût connaître le motif. Tout le monde ne perdit point la tête dans ce désordre, car une vivandière qui était connue pour être riche fut dépouillée d'une ceinture qui contenait plus de 40 à 50.000 francs en or, sans qu'elle pût découvrir celui qui lui avait fait cette mauvaise plaisanterie.

Le jour parut, nous étions épuisés, la chaleur vint encore y ajouter; dévorés par la soif, une goutte d'eau était un trésor. J'offris à un soldat que j'avais vu boire à une gourde une pièce de 80 francs pour me laisser humecter mes lèvres; il refusa mon or et m'offrit ce qu'il avait, me priant, en grâce, de ne point le priver de tout. Je le remerciai, c'était du vin; il me semblait que chaque goutte que je buvais me donnait une nouvelle vie. Je n'abusai point de la générosité de ce brave jeune homme, mais ce fut inutilement que je voulus lui faire accepter quelque chose pour lui prouver ma reconnaissance.

Nous arrivâmes à Baylen le 17, nous y restâmes quelques heures et continuâmes notre marche rétrograde. Nous nous arrêtâmes à Guaraman où nous trouvâmes les troupes que nous avions laissées à Manjibar, elles venaient de rendre les derniers honneurs aux restes du malheureux général Gobert. Nous passâmes la nuit dans cet endroit, nous ne choisîmes point le terrain ; les pierres, les cailloux ne furent même pas écartés. Jamais de ma vie je ne trouvai le sommeil plus agréable que cette nuit là ; on le croira aisément, en se rappelant que je n'avais pas dormi depuis le 14 au matin.

Nous allâmes le 18 à la Caroline ; nous n'avions point de vivres, nous mîmes les figuiers à contribution ; les fruits en étaient mûrs, nous en mangeâmes beaucoup ; plusieurs éprouvèrent des accès de fièvre qu'on attribua à cette nourriture. Nous partîmes le 19 et nous nous arrêtâmes à Guaraman. Le canon se faisait entendre depuis la pointe du jour ; les Espagnols avaient fait un mouvement et étaient venus au nombre de 60,000 prendre position à Baylen pour couper la retraite au général Dupont qui se disposait à l'effectuer. Nous ne pouvions douter que c'était la 1re division qui se battait, et cependant le général Vedel paraissait ne point s'en occuper.

Il n'appartient point à un soldat de se rendre juge des desseins de son général, cependant la conduite de celui qui commandait notre division était telle qu'elle pouvait faire faire des réflexions à l'homme du monde le moins habitué à en faire, car quelles que soient les instructions qu'avait reçues le général Vedel, les circonstances ne l'autorisaient-elles pas à prendre quelque chose sur lui ? Devait-il rester dans une inaction coupable, quand il était en son pouvoir de porter du secours à son chef, et de faciliter son passage ; telles étaient les questions qu'on se faisait réciproquement et qui amenaient des réponses qui n'étaient jamais en sa faveur. Un nouvel événement vint encore fortifier les soupçons qu'on formait sur sa fidélité : un nombreux troupeau de chèvres vint se présenter à nous. Les soldats, excités par la faim, se jetèrent sur quelques-unes : les officiers voulurent s'y opposer, le général permit qu'on en tuât et qu'on en fit cuire la chair, ce qui nous arrêta encore plus de deux heures dans cet endroit.

Cependant la journée avançait, le feu parut se ralentir et bientôt il cessa tout à fait. Alors nous nous mîmes en marche et arrivâmes à la vue de Baylen à cinq heures du soir. Une quantité innombrable d'Espagnols occupait toutes les hauteurs ; nous nous mîmes en bataille et commençâmes à charger. En un instant nous enlevâmes à la baïonnette la position en deçà de la ville. Plus de 10.000 Espagnols s'enfuirent en désordre, et l'aigle impériale brilla à la même place où cinq minutes avant on voyait flotter le drapeau castillan. On mit à la poursuite des fuyards quelques dragons et chasseurs à cheval ; plus de 1,800 se rendirent de bonne volonté, cependant on eut de la peine à s'emparer d'un mamelon qui se trouve à droite de la ville et au sommet duquel est construite une chapelle. L'ennemi en défendit l'approche avec opiniâtreté, mais malgré ses efforts, il tomba en notre pouvoir. L'enthousiasme était porté au plus haut degré parmi nos jeunes soldats; l'air retentissait des cris mille et mille fois répétés de : « Vive l'Empereur ! » Ce mot seul portait la terreur dans l'âme de nos ennemis; les acclamations redoublèrent quand un officier espagnol accompagné de quelques cavaliers s'avança vers nous en agitant un drapeau blanc. A ce signe pacifique, nous pensâmes que l'on venait nous demander à capituler, ou au moins une suspension d'armes. En effet, le mot de capitulation venait d'être prononcé, mais c'était en nous prévenant de faire cesser toute espèce d'hostilités, parce qu'une capitulation ayant été offerte par le général Dupont, des officiers généraux des deux armées s'occupaient à en dresser les articles !

A cette nouvelle inattendue, la consternation se peignit dans les traits de tous nos guerriers, et ce noble enthousiasme qui les animait fit place à une profonde tristesse.

Le lendemain matin, nous rendîmes tous les prisonniers que nous avions faits. Nous restâmes ainsi jusqu'au 21 soir que nous battîmes en retraite et à bas bruit, les dispositions étant prises pour nous défendre si nous étions attaqués en route. Mais nous arrivâmes sans accident à Sainte-Hélène, bourg situé à l'entrée des gorges de la Sierra-Morena, du côté de l'Andalousie. Nous y restâmes jusqu'au 24 juillet sans vivres; il n'en avait pas été distribué à la troupe depuis plusieurs jours. Quelques voltigeurs ayant, dans une maison, trouvé une chambre où il y avait eu de la farine, la balayèrent et firent avec ce qu'ils avaient ramassé une bouillie avec de l'eau; l'un d'eux proposa d'y mettre de la poudre en guise de sel. On y consentit, mais je puis assurer qu'il est difficile de trouver un mets dont le goût soit plus désagréable. Il était environ midi quand nous vîmes arriver plusieurs officiers français et espagnols avec une escorte de cavalerie de ces derniers. Ils venaient signifier au général Vedel que le général comte Dupont ayant capitulé pour toutes les troupes sous son commandement, il devait, en conséquence d'un des articles du traité, venir déposer les armes à Baylen et qu'en cas de refus de sa part, la 1ⁿᵉ division, qui était déjà désarmée, allait être passée au fil de l'épée.

On battit à l'ordre aux fourriers, nous nous réunîmes et on nous dicta la capitulation que nous transcrivîmes sur nos livres d'ordres.

CAPITULATION

Baylen, le 18 juillet 1808.

Leurs Excellences, M. le comte de Tilly et M. le comte de Castaños, généraux en chef de l'armée d'Andalousie :
Voulant donner une preuve de leur haute estime à

M. le général comte Dupont, grand-aigle de la Légion d'honneur, commandant le 2ᵉ corps d'armée d'observation de la Gironde, ainsi qu'à l'armée sous ses ordres, pour la belle et glorieuse défense contre un ennemi infiniment supérieur qui l'enveloppait de toutes parts;

M. le général Chabert, commandant de la Légion d'honneur, chargé des pleins pouvoirs de Son Excellence M. le général en chef de l'armée française et M. le général Marescot, grand-aigle de la Légion d'honneur : sont convenus des articles suivants :

Article premier. — Les troupes françaises sous les ordres de M. le général Dupont sont prisonnières de guerre, la division Vedel exceptée.

Art. 2. — La division Vedel et autres troupes n'étant pas comprises dans l'article premier évacueront l'Andalousie.

Art. 3. — Les troupes comprises dans l'article 2 conserveront généralement tous leurs bagages et pour éviter tout sujet de trouble pendant la marche, elles remettront leur artillerie, trains et autres armes, à l'armée espagnole qui s'engage à les leur remettre au moment de l'embarquement.

Art. 4. — Les troupes comprises dans l'article premier sortiront de leur camp avec tous les honneurs de la guerre, chaque bataillon ayant deux canons en tête, les soldats armés de leurs fusils qui seront déposés à quatre cents toises du camp.

Art. 5. — Les troupes du général Vedel et autres, ne devant pas poser les armes, les placeront en faisceaux sur le front de bandière et y laisseront leur artillerie et train; il en sera dressé un procès-verbal par des officiers des deux armées et le tout leur sera remis ainsi qu'il est convenu dans l'article 3.

Art. 6. — Toutes les troupes françaises en Andalousie se rendront à San-Lucar et à Rota par journées d'étapes qui ne pourront excéder quatre lieues de poste, avec les séjours nécessaires pour être embarquées sur des vaisseaux de transport espagnols, avec leurs armes et équipages, et conduites au port de Rochefort, en France.

Art. 7. — MM. les officiers supérieurs et autres y ayant droit garderont leurs armes et les soldats leurs sacs.

Art. 8. — Les troupes françaises seront embarquées aussitôt leur arrivée et l'armée espagnole assure leur traversée contre toute expédition hostile.

Art. 9. — Les logements, vivres, fourrages, pendant la marche et la traversée seront fournis à MM. les officiers supérieurs et autres y ayant droit ainsi qu'à la troupe, dans la proportion de leurs grades; et sur le pied des troupes espagnoles en temps de guerre.

Art. 10. — Les chevaux de MM. les officiers généraux, supérieurs et d'état-major seront transportés en France et nourris sur le pied de guerre.

Art. 11. — MM. les officiers généraux et supérieurs conserveront chacun une voiture et un fourgon; MM. les officiers d'état-major une voiture, sans être soumises à aucun examen.

Art. 12. — Seront exceptées de l'article précédent les voitures prises en Andalousie dont l'examen sera fait par M. le général Chabert.

Art. 13. — Pour éviter la difficulté d'embarquer les chevaux d'artillerie et de cavalerie compris dans l'article 2, lesdits chevaux seront laissés en Espagne, vendus d'après l'estimation des deux commissaires français et espagnol et acquittés par ce dernier.

Art. 14. — Les blessés et malades de l'armée française laissés dans les hôpitaux seront traités avec le plus grand soin et transportés en France sous bonne et sûre escorte. sitôt leur guérison.

Art. 15. — Comme dans plusieurs endroits, notamment à l'assaut de Cordoue, plusieurs soldats, malgré les ordres de MM. les officiers généraux, se sont portés à des excès qui sont une suite ordinaire des villes prises d'assaut, MM. les officiers généraux prendront les mesures nécessaires pour découvrir les vases sacrés qui peuvent avoir été enlevés et les rendre s'ils existent.

Art. 16. — Tous les employés civils attachés à l'armée française ne sont pas considérés comme prisonniers de guerre et jouiront pendant leur voyage et transport des avantages attachés aux postes qu'ils occupent.

Art. 17. — Les troupes françaises commenceront à évacuer l'Andalousie le 23 juillet au matin. Pour éviter la grande chaleur, la marche s'effectuera la nuit, conformément aux journées d'étapes réglées par MM. les chefs d'état-major français et espagnol en évitant le passage des troupes dans les villes de Cordoue et de Séville.

Art. 18. — Les troupes françaises pendant leur marche seront escortées par des troupes de ligne espagnoles, à raison de 300 hommes par colonne de 3,000 hommes, et MM. les officiers généraux seront escortés par des détachements de cavalerie.

Art. 19. — Les troupes, dans leur marche, seront toujours précédées par des commissaires français et espagnols, qui devront réclamer le logement et les vivres qui devront leur être fournis.

Art. 20. — La présente capitulation sera portée de suite à Son Excellence M. le duc de Rovigo, commandant en chef les armées françaises en Espagne, par un officier escorté de troupes espagnoles.

Art. 21 et dernier. — Il est convenu par les deux armées

qu'il sera ajouté comme article additionnel à la présente capitulation ce qui pourrait avoir été omis ou qui pourrait augmenter le bien-être des troupes françaises en Espagne.

> *Ont signé :* XAVIER, comte de Castaños, général en chef de l'armée d'Andalousie, et le général en chef DUPONT, comte d'Empire, grand-aigle de la Légion d'honneur, commandant le 2⁰ corps d'observation de la Gironde, et le général de division VEDEL, comte d'Empire, commandant la 2⁰ division du corps d'armée.

Le général Vedel, ayant réuni les officiers généraux et les différents chefs de corps de la division, leur fit part de cette nouvelle. Le général Poinsot déclara qu'il allait, à la tête de sa brigade, passer la Sierra-Morena, le général Vedel le menaça de le faire fusiller s'il tentait d'effectuer ce projet. Il fut contraint d'obéir.

Cependant, un grand nombre de cuirassiers, de soldats du train de la garde et d'infanterie légère partirent malgré les menaces de leurs officiers et furent assez heureux pour arriver à Madrid où ils trouvèrent l'armée française.

Nous quittâmes Sainte-Hélène et arrivâmes à Baylen le 26 au matin. Nous nous rangeâmes en bataille dans la plaine à gauche de la ville, et après avoir formé les faisceaux, on nous fit défiler au son de la musique devant l'armée espagnole. Le dépit et la douleur étaient empreints sur le visage de tous les militaires français.

J'ai cité plus haut la capitulation en vertu de laquelle nous déposâmes les armes et qui fut si indignement violée par la perfidie du cabinet britannique.

L'espoir de rentrer en France et de revoir nos familles pouvait seul modérer notre affliction. Nous traversâmes Baylen, cette ville où si longtemps nous nous étions fait respecter, au milieu des huées de la multitude. La population en était doublée par la rentrée des habitants qui étaient allés se joindre aux bandes insurgées. La faim me pressait, j'étais occupé à acheter quelque chose, quand je sentis fouiller dans le sac que je portais. Je me retournai et vis que c'était un soldat espagnol. Je tirai mon sabre et l'étendis à terre d'un coup du plat que je lui donnai sur le visage. Aussitôt je fus entouré et j'aurais été victime de mon emportement si un capitaine espagnol ne s'était approché de moi; je lui rapportai ce qui venait d'avoir lieu, et loin de me blâmer, il fit arrêter le soldat et écarter la populace qui s'était rassemblée et qui se disposait à me maltraiter. Je m'éloignai, mais avant de sortir de la ville je voulais me désaltérer. Ne trouvant point de marchand de vin, je m'adressai à une femme qui était sur sa porte et lui demandai un verre d'eau qu'elle m'apporta avec bonté. Je la priai d'en remplir une gourde que j'avais, elle s'éloigna et me la remit un instant après. Je la remerciai et rejoignis la compagnie. Un de mes camarades m'ayant demandé si j'avais du vin, je lui répondis que je n'avais que de l'eau, il accepta, mais fut très étonné de trouver que c'était de l'eau-de-vie. Je ne l'étais pas moins que lui et j'aurais voulu pouvoir en témoigner ma reconnaissance à cette femme compatissante.

Nous nous arrêtâmes dans un bois d'oliviers près de Baylen ; on nous y fit une distribution de pain, et nous allâmes coucher à Manjibar. Les habitants étaient tous rentrés et j'en vis une grande quantité en armes à qui on faisait faire l'exercice. On nous fit bivouaquer près de ce bourg, il eût été trop dangereux de nous faire passer la nuit dans l'intérieur. Nous nous dirigions sur Rota où nous devions trouver des bâtiments de transport destinés à nous conduire en France ; nous passâmes par les villes de Torrejiniaña, Cabra, Alcandete, Bayena, Puente de Gouzale, Ossuna et Moron, où nous nous arrêtâmes. Je m'étonne que nous ayons pu arriver jusqu'à cette dernière ville, car malgré les précautions qu'avait prises le général en chef de l'armée espagnole de nous faire escorter par des troupes de ligne, plusieurs Français tombèrent sous les poignards des paysans exaspérés.

Du plus loin qu'on apercevait notre colonne, la population entière sortait des villes, bourgs ou villages près desquels nous devions passer, non par un motif de curiosité, mais dans la seule intention de nous égorger; les épithètes les plus méprisantes nous étaient prodiguées; notre mort était demandée à grands cris.

Les femmes, chez qui un sentiment de pitié pour des infortunés est ordinairement inné, étaient animées de la même férocité. On vit même un enfant se jeter sur la cuisse d'un soldat et le mordre; on ne parvint à lui faire lâcher prise que lorsque, ayant emporté le morceau, sa bouche fût entièrement ensanglantée.

Je dois, cependant, rendre justice aux troupes de ligne qui nous escortaient. Il faut reconnaître que c'est à leur fermeté que nous sommes redevables de notre existence; plusieurs même d'entre eux furent blessés en voulant parer des coups qui nous étaient destinés. Le fait que je vais rapporter pourra faire juger de la rigueur qu'ils mettaient à remplir les devoirs qui leur étaient prescrits.

La colonne de troupes françaises était conduite par des soldats espagnols, suivis d'un détachement commandé par un sous-officier. Ce détachement était destiné à veiller à la sécurité de ceux des militaires français qui n'auraient pas pu suivre ou que la fatigue aurait obligé de rester en arrière. Un jour, un soldat, qu'une légère blessure avait mis dans cette situation, fut arrêté par des paysans qui travaillaient dans un champ. L'un d'eux lui prit son sac et après l'avoir menacé de le tuer le laissa aller; ce soldat fut rejoint par le détachement d'arrière-garde. Le sous-officier espagnol qui le commandait s'approcha de lui et lui demanda pour quelle raison il n'avait pas de havre-sac comme tous ses camarades; ce soldat lui raconta sa mésaventure; l'Espagnol lui demanda s'il pourrait reconnaitre l'homme qui le lui avait pris, et sur sa réponse affirmative il le fit retourner sur ses pas. Le soldat lui montra les paysans; le sous-officier demanda le havre-sac qui fût rendu sur-le-champ, et s'étant fait désigner celui qui le lui avait pris il l'étendit mort à ses pieds d'un coup de fusil, quoique sa grâce eût été demandée par le militaire français.

Nous nous arrêtâmes à Moron le 4 du mois d'août pour faire séjour. Des ordres supérieurs nous y retinrent sous ce prétexte que les vaisseaux n'étaient pas encore préparés pour nous recevoir. Nous étions bivouaqués sous des oliviers en deçà de la ville, derrière laquelle s'élève une montagne très haute. Un jour M. Molard, notre major, se promenait avec son épouse et son fils dans le camp; j'étais près de lui, je l'entendis dire à voix basse, en jetant les yeux du côté de cette montagne : « Le camp que nous occupons est dans une situation bien dangereuse pour des hommes désarmés. » Je ne compris que trop le sens de ces paroles et j'appris dans la journée que des paysans rassemblés en grand nombre du côté de cette montagne avaient le dessein de venir nous égorger. Heureusement, ce projet ne reçut point d'exécution.

Nous ne fûmes cependant pas toujours tranquilles. Un régiment de milice de Séville passa par cet endroit pour rejoindre l'armée d'Andalousie ; les hommes qui le composaient, en passant le long du champ d'oliviers dans lequel nous étions, firent feu sur nous, mais comme il était nuit, ils tiraient au hasard et leurs balles n'atteignirent que peu d'hommes.

Il arriva, pendant le temps que nous restâmes à Moron, un détachement de soldats français composé de ceux qui étaient restés dans divers hôpitaux. Dans le nombre se trouva M. Laucotte, mon sergent-major, que j'avais conduit à l'hôpital de Manzanarès, et que je ne croyais jamais revoir. Son retour me fit le plus grand plaisir, d'autant plus qu'il était inespéré. Nous apprîmes avec peine, par le domestique du chef de bataillon Meresse dont j'ai parlé ci-dessus, que le convoi de blessés que nous avions évacués de Baylen après l'affaire de Jaen avait été égorgé, ainsi que toute l'escorte à Villa-Harta. Ce domestique assura qu'il était le seul qui ait pû échapper au massacre, en se cachant dans les roseaux d'un marais qui est près de cette ville.

Un ordre de la junte de Séville, influencée par le gouvernement anglais, fut envoyé au général Vedel lui enjoignant de répartir proportionnellement les militaires qui composaient sa division, dans un certain nombre de villes, bourgs ou villages qui lui furent désignés. Cette nouvelle répandit la consternation : chacun ne voyait dans cette mesure qu'une ruse employée pour nous massacrer partiellement au premier signal qui serait donné. — Teba fut le lieu qui fut désigné à ma compagnie et à la 3º du même bataillon. Nous quittâmes Moron le 22 août pour aller prendre ces divers cantonnements. Nous allâmes coucher à Ossuna, dans le même bivouac que nous avions occupé un mois auparavant. Nous étions près de la ville et quelques-uns de ses habitants, dont la générosité n'est point la principale vertu, nous tirèrent, pour se récréer, quelques coups de fusil de leurs croisées ; les balles sifflèrent au-dessus de nos têtes, mais ne touchèrent personne. Pour moi, je m'étais adossé, la tête près d'un gros olivier, de manière que je n'aurais pu être touché qu'aux jambes, et je dormis assez tranquillement. On s'habitue à tout !

Le lendemain, les autorités nous assignèrent un logement dans une maison inhabitée ; nous y fûmes tranquilles, à cela près de quelques pierres qu'on envoya dans les croisées. Je faillis être tué en conduisant des hommes à la corvée pour aller chercher du pain; un caillou de la grosseur d'un boulet de 4 me fut lancé avec tant de force que mon schako fut enlevé de dessus ma tête et jeté à plus de quinze pas.

Nous partîmes le lendemain 24 et j'avoue que je ne fus point fâché de ne pas être du nombre de ceux qui furent destinés à habiter cette ville. Nous allâmes à Campillo, gros bourg à quatre lieues d'Ossuna, dont je ne trouvai point les habitants plus aimables. Toutes les rues où nous passâmes étaient remplies de personnes qui ne cessaient de nous faire entendre par signes qu'on nous couperait le cou. J'avais vu, dans ma jeunesse, passer bien des prisonniers dans Paris, mais ceux-là ne recevaient de nous que des témoignages de bienfaisance et d'humanité.

Nous partîmes le lendemain de bonne heure pour nous rendre à Teba, notre destination. Nous y fûmes bientôt arrivés, car nous n'avions que deux lieues à faire, nous ne le découvrîmes cependant que lorsque nous y fûmes entrés.

Il était huit heures du matin, le 25 août, lorsque nous entrâmes dans ce bourg; nous nous rangeâmes en bataille sur la place et nous attendîmes l'alcade que l'officier espagnol qui nous conduisait était allé prévenir de notre arrivée. C'est sur cette place que se tient le marché; elle était couverte de provisions, de marchands et d'acheteurs. Je remarquai avec satisfaction et étonnement que, contre l'habitude des habitants des montagnes, le peuple de cet endroit était plutôt doux que grossier ; on ne nous invectiva point comme dans les autres localités où nous étions passés jusque-là. L'alcade arriva et nous conduisit devant la prison du lieu. Là il fit faire l'appel, compta les hommes et en donna décharge au chef du détachement qui prit congé de nous.

Le señor alcade était un homme fort affable quoique sérieux, il réunit les officiers et les sous-officiers et nous assura qu'il ferait tout ce qui serait en son pouvoir pour notre sécurité, nous engageant de notre côté à tenir la plus stricte discipline parmi nos soldats.

Il y a dans ce bourg un couvent de franciscains, c'est là qu'on mit loger MM. les officiers des deux compagnies ; on mit la 3ᵉ loger sur la place, dans un bâtiment attenant à la maison de ville, et la compagnie de voltigeurs dont je faisais partie eut pour logement la prison devant laquelle on nous avait conduits. Nous envoyâmes, dès que nous y fumes installés, les soldats ramasser de la paille dans les champs et nos lits furent bientôt préparés. De ce moment, notre solde qui était de trois réaux par jour, fut réduite à 12 quartos (6 sous), aussi avec le pain et par les mesures que prit le seigneur alcade, les denrées nous furent constamment vendues aux mêmes prix qu'aux habitants, ce qui fit que cette solde pouvait suffire à nos besoins.

Je me levai d'assez bonne heure ; le sergent de ville ou plutôt l'alguazil mayor était déjà à la porte de notre maison à l'effet de m'accompagner chez l'alcade pour faire viser les bons de vivres, me conduire à la boulangerie et me ramener avec les hommes de corvée chargés de porter le pain. J'arrivai chez l'alcade qui me fit l'accueil le plus agréable. Le seigneur don Florencio Altin de la Hinojota, était un homme d'une quarantaine d'années, d'une famille noble et riche, ayant reçu beaucoup d'éducation, sa femme, à peu près du même âge, et sa fille qui paraissait avoir seize ans, ne lui cédaient en rien pour l'amabilité. Tous me firent beaucoup de questions auxquelles je répondis avec sincérité. Seulement, sur un seul point je crus pouvoir faire un petit mensonge puisque les conséquences ne pouvaient nuire à personne. Sachant que les Espagnols portaient une haine implacable aux Français, je répondis lorsqu'il me demanda quelle ville de France m'avait vu naître, que c'était Bayonne, parce que j'étais persuadé que les Espagnols croyaient que les habitants de la capitale s'étaient levés volontairement en masse, dans la seule intention de venir ravager les belles provinces de l'Espagne et renverser les autels élevés au christianisme ; il parut satisfait. Je me préparais à prendre congé de lui lorsqu'il m'adressa de nouveau la parole : « Comme vos officiers, me dit-il, m'ont demandé de conduire à la messe les dimanches et fêtes tous les militaires qui sont dans ce bourg, je désire savoir de vous s'ils sont tous catholiques ? » Je lui répondis affirmativement, en l'assurant que d'après les ordres de notre Empereur, toutes les troupes françaises assistaient toujours au service divin ; il demanda comment on les y conduisait. Je lui appris que c'était en armes, au bruit de la caisse et de la musique militaire, que dans l'église on ne se découvrait pas lorsqu'on était en corps ; cette dernière coutume parut lui déplaire, il me témoigna le désir qu'on ne la suivit pas, parce qu'elle pourrait indisposer contre nous les habitants de l'endroit. Sur l'assurance que je lui donnai que c'était déjà notre intention, il fut très satisfait. Je le quittai, et je puis dire à sa louange qu'il fit pour le bien des Français tout ce qui fut en son pouvoir.

Le dimanche suivant, les officiers vinrent réunir les compagnies pour les conduire à l'église après en avoir passé l'inspection ; les tambours de la compagnie du centre battaient des marches et les cornets de la compagnie de voltigeurs sonnaient des fanfares, alternativement. Nous étions tous en grande tenue ; ce spectacle nouveau pour les Espagnols avait réuni sur nos pas toute la population. Nous arrivâmes au couvent, où d'après les instructions données nous entendîmes la messe dans le plus grand recueillement. Cette conduite édifia les Espagnols qui ne pouvaient s'imaginer que nous fussions catholiques, tant les insinuations perfides des prêtres et des moines avaient fait d'impression sur eux à cet égard.

Nous étions assez bien vus, et j'oserais dire que moi particulièrement, je recevais de tout le monde des témoignages de considération. De singuliers motifs vinrent encore y ajouter. Une maladie se déclara ; presque tous les soldats en furent atteints successivement, beaucoup succombèrent ; l'alcade fit établir une infirmerie dans une chapelle construite sur la montagne, le docteur Gonzalès fut chargé de donner ses soins à tous les Français qui en auraient besoin. Mais une difficulté se présentait : le chirurgien ne pouvait s'entendre avec ses malades. Je fus donc décoré du titre d'interprète ; les médicaments nécessaires étaient délivrés par un pharmacien du lieu, d'après les ordonnances du docteur et sur le reçu que j'en donnais. Sachant d'après l'avis du docteur que plusieurs étaient en danger de mourir, je pensai que la prudence exigeait qu'on fît approcher du sacrement de la pénitence les soldats atteints de la maladie. J'en fis part aux capitaines des deux compagnies qui approuvèrent mon opinion à cet égard. Je prévins l'alcade qui me donna un mandat qui m'autorisait à requérir le prêtre desservant la paroisse toutes les fois que je le croirais nécessaire pour remplir les devoirs de son ministère auprès des Français.

Je craignais d'effrayer les malades par la présence d'un ecclésiastique. Je trouvai un moyen de parvenir au but que je m'étais proposé. Je vins seul à l'infirmerie et je m'adressai à ceux qui étaient convalescents, et à ceux que la maladie n'avaient point encore trop affaiblis, je leur fis observer que les habitants de Teba nous voyaient avec assez de bienveillance et que pour nous mettre tout à fait bien dans leur esprit il existait encore un moyen, que nous ne devions pas négliger d'employer. Satisfait de l'impression qu'avait fait sur les soldats malades ma petite harangue, je courus à la paroisse chercher le curé ; il ne paraissait pas disposé à céder à la prière que je lui faisais, mais il se rendit de très bonne grâce lorsque j'eus exhibé le mandat du seigneur alcade. Il désira que nous entrions chez ce digne magistrat pour lui faire quelques observations. Quand nous fûmes arrivés, l'alcade s'informa du motif de notre visite. Le curé prit alors la parole et représenta qu'il ne pouvait entendre la confession des militaires français puisque cette langue lui était étrangère. A la proposition qui lui fut faite que je lui servirais d'interprète il se récria très fort, sur ce que les secrets de la confession ne pouvaient être confiés à un tiers, et que dans le cas où j'en serais, ainsi que lui, dépositaire, il ne pouvait être responsable des indiscrétions qui pourraient être commises. Je fus piqué de ce dernier propos, car l'alcade avait semblé goûter ces observations. Je crus donc devoir repousser de tels arguments par d'autres non moins forts.

L'alcalde trouva mes raisons justes; en effet, il consulta le prêtre qui convint qu'il n'avait plus rien à objecter. Nous saluâmes le seigneur alcalde et nous prîmes le chemin de la chapelle qui servait d'infirmerie aux Français malades; nous arrivâmes bientôt; le prêtre me demanda si tous ces hommes s'étaient disposés à la confession et s'ils avaient fait leur examen de conscience; sur la réponse affirmative que je lui fis, il commença l'exercice de son ministère. Je reçus successivement les aveux de ces militaires; la franchise qu'y mirent quelques-uns d'entre eux me mit dans un certain embarras, surtout quand il fut question de la conduite plus que légère qu'ils avaient tenue envers des religieuses dans la ville de Jaen et de certains excès auxquels ils s'étaient portés lors de cette affaire. Je ne dus cependant pas rester longtemps indécis, notre sûreté pouvait être compromise. Je savais, qu'excitée par les prêtres, la populace ne manquerait pas d'attenter à notre vie, je ne balançai pas à charger quelque peu ma conscience et je ne crus pas commettre un crime en ne transmettant point exactement certaines révélations que je jugeai dangereuses, à l'ecclésiastique dont j'étais l'intermédiaire avec ses pénitents. C'est par des légères fautes, telles que celle d'avoir manqué de respect envers les chefs. et par le récit de quelques peccadilles sans importance, que je crus devoir remplacer les aveux qui auraient pu irriter contre nous ce prêtre dont le regard oblique ne m'inspirait rien moins que la confiance; enfin tout se passa pour le mieux.

V

TEBA. — SUITE D'AVENTURES. — OFFRES DE PRENDRE DU SERVICE EN ESPAGNE. — NOUVELLES CRUAUTÉS. — XÉRÈS.

Pendant l'espace de temps que je demeurai à Teba, j'obtins de l'alcade la permission d'aller visiter, à deux lieues aux environs, ceux de mes camarades qui s'y trouvaient cantonnés. Campillo, Canète, etc., furent le théâtre de mes excursions. Le seigneur alcade me donna pour m'accompagner le vieux Manuelo, sergent de ville, et poussa même la bonté jusqu'à me faire prendre un cheval de son écurie pour m'éviter la fatigue du chemin. Je profitai plusieurs fois de sa bonne volonté pour moi et, à ma considération, il accorda même un jour à trois autres sous-officiers de m'accompagner dans une de ces parties de plaisir. C'est vers Canète que nous tournâmes nos pas, accompagnés du vieux Manuel.

On célébra notre arrivée par des libations; plusieurs flacons furent vidés à notre Patrie et aux personnes qui nous étaient chères. Nous nous promenâmes un peu. Canète est un village qui n'a rien d'agréable que ses environs. Je remarquai que nos camarades de cet endroit, ainsi que ceux que j'avais visité à Campillo, n'étaient pas traités, à beaucoup près, aussi bien que nous; à peine osaient-ils se montrer, que les habitants les injuriaient et les assaillaient à coups de pierres. Nous prîmes le parti de rentrer, le vieux Manuel n'était pas homme à souffrir qu'on nous maltraitât, et nous ne voulions pas, que par attachement pour nous, il se fît un mauvais parti avec la populace de ce village. Nous nous remîmes à table et n'en sortîmes que pour faire nos adieux à nos amis et reprendre le chemin de Teba.

Notre guide, que nous avions poussé à boire et qui était très bavard, était aussi d'une gaîté extraordinaire; l'envie de raconter lui reprit plus fort que de coutume, mais nous ne fûmes pas peu surpris de le voir s'arrêter au milieu d'une période, pour armer son fusil et coucher en joue une dizaine de cavaliers qui passaient à cent pas de nous au milieu des terres, en s'écriant : « Contravandistas, detenios ! » (Contrebandiers, arrêtez !) Au même instant dix fusils s'étaient dirigés sur nous. Je n'ai que le temps de tirer mon mouchoir pour faire comprendre à ces cavaliers que nous n'avions pas l'intention de les arrêter, je relève en même temps le fusil du vieux Manuel ; de son côté, celui qui paraissait être le chef de la troupe en fait faire autant aux siens, et piquant aussitôt des deux il arrive auprès de nous, suivi de tout son monde qui met pied à terre. Le vieux Manuel n'est pas effrayé ; il fait un mouvement, son fusil m'échappe des mains et est de nouveau dirigé sur le chef. Je suis assez heureux pour en changer la direction avant qu'il ait pu mettre son dessein à exécution. Les contrebandiers, car ç'en étaient, n'avaient pu voir leur chef en danger sans chercher à le sauver ou au moins à le venger. Une seconde plus tard, c'en était fait de notre guide ; par un mouvement spontané, mes trois camarades et moi nous détournons les armes, et la balle passe au-dessus de la tête de celui qu'elle devait frapper. Je conjure le chef de m'écouter et de calmer la fureur dont les siens étaient animés, il y consent et bientôt je suis entouré de ces hommes à figure rébarbative.

— Seigneur cavalier, dis-je au chef, je suis Français, mon uniforme et celui de mes camarades ont déjà pu vous le faire connaître ; nous avons engagé le guide que l'alcade de Teba nous a donné, à boire avec nous, la vapeur du vin l'aura sans doute étourdi et vous prenant pour d'autres personnes, il a pensé que son devoir l'obligeait à vous arrêter.

Le chef parut réfléchir un instant, puis prenant la parole, il me dit : « Nous sommes contrebandiers, Manuel nous connaît, nous avons eu déjà lieu de nous plaindre de lui, l'occasion se présentait de nous venger, sans vous nous l'aurions fait. J'aime les Français parce qu'ils sont courageux; je consens avec plaisir à ce que vous me demandez, mais j'exige que vous me promettiez de ne point vous dessaisir de l'arme que vous avez entre les mains, avant de nous avoir perdus de vue ». Je le lui promis; il remonta à cheval avec les siens dont quelques-uns paraissaient assez mécontents, mais auxquels un seul de ses regards imposa silence; ils tournèrent bride et continuèrent leur route; de notre côté nous dédoublâmes le pas et arrivâmes bientôt à Teba, nous félicitant réciproquement de l'heureuse issue de notre aventure.

Cette sortie fut la dernière que je fis. Peu de jours après le bruit se répandit que les armées françaises qui, à la nouvelle de notre désastre, s'étaient retirées de Madrid venaient d'y rentrer. Le gouvernement espagnol, sous le titre de « Junta suprêma », siégeant à Séville, s'occupa des mesures à prendre pour s'opposer à leur succès. Comme on craignait quelque mouvement de notre part, MM. les officiers français reçurent l'ordre de partir pour Cadix dans les 24 heures. Bientôt l'alcade me chargea de leur annoncer, ce qu'il n'avait osé faire lui-même, que les instructions qu'il avait reçues lui prescrivaient de faire déposer à la maison de ville les épées de MM. les officiers, et de leur exprimer le regret qu'il éprouvait d'exécuter de semblables ordres ; il fallut se résigner. Mon capitaine avait peine à contenir l'indignation qu'un tel procédé lui faisait ressentir, et craignant d'offenser l'alcade qu'il estimait, c'est à moi que, les larmes aux yeux, il remit l'épée qu'il avait si glorieusement portée aux champs d'Eylau, d'Iéna et d'Austerlitz. Les autres officiers imitèrent son exemple et déposèrent les leurs entre mes mains, non sans être sensiblement émus. Je m'empressai d'aller les porter à l'alcade qui m'en donna le reçu, en me témoignant le désir qu'il avait de voir ces messieurs avant leur départ. Je lui dis que c'était leur intention, mais que je ne les avais devancés que pour leur éviter la douleur de rendre avec quelque appareil, des armes que leur courage avait tant de fois illustrées. Je le priai même de les cacher à leurs regards pour ne point renouveler leur peine.

Comme j'allais me retirer, les officiers entrèrent pour faire leurs adieux au seigneur alcade. Ils lui présentèrent l'hommage de leur reconnaissance pour la bienveillance qu'il avait accordé à tous les Français et qu'ils le prièrent de nous continuer après leur départ. Il le leur promit en leur assurant que tant que je serais avec lui pour lui faire connaître les besoins des Français, nous ne manquerions de rien ; satisfaits de cette promesse, les officiers prirent congé de lui et je les accompagnai avec les sous-officiers jusqu'au bas du rocher où nous nous fîmes nos adieux.

Il y avait quelques jours qu'ils étaient partis lorsque me trouvant à l'infirmerie, le chirurgien, après avoir terminé notre visite, m'engagea à aller déjeuner avec lui; pendant le repas il me fit plusieurs questions, entre autres si je pensais qu'il pût se trouver des militaires français qui eussent le désir de prendre du service pour l'Espagne. Je lui répondis franchement que je ne le croyais pas, d'autant plus que je ne prévoyais pas que la position dans laquelle nous nous trouvions pût durer longtemps, puisqu'aux termes de notre capitulation, nous aurions déjà dû être rendus à notre patrie.

La conversation en resta là; comme ce n'était que vaguement que le docteur Gonzalès avait agité cette question, je n'y fis pas attention. Deux jours après, il me pria de monter avec lui chez le corrégidor. Cet officier de justice était de retour de Séville depuis très peu de temps; il nous reçut très bien, nous fit asseoir et me demanda comment nous étions traités par l'alcade, je l'assurai que nous n'avions qu'à nous louer de ses bontés pour nous, mais comme j'allais continuer il changea tout à coup la conversation. « Le docteur Gonzalès, me dit-il, m'a fait de vous le rapport le plus avantageux, je vois, qu'ainsi qu'il me l'a dit vous parlez déjà passablement l'espagnol. J'ai une proposition à vous faire, qui vous permettra d'étudier cette langue avec plus de facilité. On forme une nouvelle milice, on a besoin pour l'instruire, de chefs expérimentés : je suis autorisé, continua-t-il par la Junta suprêma siégeant à Séville, à donner le grade d'alfèrès à celui des militaires français sous-officier que je jugerai digne de cette faveur. Je vous ai distingué, je ne doute pas que vous ne répondiez au bien que je veux vous faire, en acceptant dans nos armées, un emploi que mon gouvernement vous offre par ma voix. Voici de l'or, me dit-il, en étalant sur une table une vingtaine de doublons; il est à votre disposition pour faire votre route, allez mériter un nouveau grade en combattant pour la plus sainte des causes et contribuer à délivrer votre pays et le nôtre du tyran qui l'opprime.

— J'aurais pu, répondis-je, m'offenser d'une pareille proposition, mais je n'y vois qu'une preuve de l'intérêt que le docteur Gonzalès m'a toujours témoigné. Je suis Français, Monsieur le corrégidor, et je veux l'être toujours.

— C'est en vain que vous vous obstinez, répliqua le corrégidor, croyez-vous qu'il me soit difficile de vous faire accepter mes offres? Craignez de m'irriter et de m'obliger à une sévérité à laquelle votre obéissance seule pourrait mettre des bornes, allez, réfléchissez y bien, dans deux heures j'attends votre réponse.

Je me retirai en l'assurant que ma résolution était inébranlable. J'entrai chez le señor don Florencio, notre estimable alcade, je lui rendis compte de mon entretien avec le corrégidor. Ce brave Espagnol m'engagea à ne point me chagriner, il me dit qu'il savait bien que le corrégidor était autorisé à recruter des officiers en leur assurant la possession d'un grade supérieur au leur, mais qu'il fallait aussi que cet engagement fut entièrement libre; qu'ainsi que le corrégidor il était considéré de plusieurs membres de la junte suprême, qu'il en écrirait s'il le fallait, et que je n'avais à craindre aucune persécution. Il ajouta qu'il devait aller voir ce dernier et qu'il s'entretiendrait avec lui de mon affaire. Je le remerciai et rentrai dans notre logement. Le docteur Gonzalès, qui était sorti avant moi de chez le corrégidor, avait déjà répandu dans le bourg le bruit que j'avais pris du service pour l'Espagne, tant il était persuadé que je n'aurais pu refuser au corrégidor.

Le lendemain je sus que l'alcade avait eu à mon sujet une altercation très vive avec son corrégidor; le résultat fût qu'on me laissa tranquille. Je rencontrai plusieurs fois ce dernier, qui ne répondit jamais à mon salut que par un regard menaçant. Quelques mesures de rigueur qui furent prises envers nous me prouvèrent que cet homme vindicatif me conservait de la rancune. Il ordonna que tous les couteaux nous fussent retirés sans exception; il exigea que les

Français fussent rentrés dans leurs logements une heure plus tôt tous les soirs et qu'ils en sortissent une heure plus tard le matin.

On parlait d'une levée d'hommes, les paysans mécontents de cette mesure commençaient à s'aigrir contre nous, sans doute aussi à l'instigation du corrégidor. Le matin du jour désigné pour la réunion de ceux d'entre les habitants qui devaient partir, l'alcade me fit demander, il m'instruisit de ce qui allait se passer, et craignant quelque fâcheux événement, il me conseilla de consigner tous les Français, de nous enfermer et de ne répondre à aucune sommation d'ouvrir, ni de faire attention aux injures qui pourraient nous être dites.

De retour au quartier et d'accord avec les sous-officiers, nous fîmes barricader la porte; plusieurs soldats murmuraient qu'il fallait se défendre, je leur imposai silence en leur disant qu'il serait toujours temps. Je leur fis former des tas de pierres pour s'en servir au besoin, le tailleur Bernard notre voisin me prêta ses deux fusils; nous avions environ un millier de cartouches, nous pouvions donc encore résister.

J'eus soin aussi de fermer les guichets de la prison d'un déserteur espagnol que j'avais sous ma garde, chose assez singulière dans la position où nous étions, mais cependant qui est véritable. Il y avait près d'un mois que ce malheureux était renfermé dans ce cachot et il n'avait encore reçu aucune espèce de vivres. Il ne devait son existence qu'à la compassion de nos soldats. Cependant je ne me fiais point à lui, il aurait pu, connaissant nos dispositions, en instruire les paysans. Je crus donc prudent de lui interdire la vue de ce côté.

Sur les quatre heures du soir nous entendîmes du bruit, c'était l'instant du départ de ceux qui devaient faire partie des volontaires. Je fis monter une partie des voltigeurs dans leur chambre et je les plaçai par groupes entre chaque croisée. De cette manière ils ne pouvaient être atteints en cas d'attaque. Ma précaution ne fût pas inutile, car le bruit ne tarda pas à s'accroître; bientôt on frappa à notre porte à coup redoublés, nos croisées ouvertes furent assiégées à coups de pierre et plusieurs coups de feu furent tirés. Voyant que nous ne répondions rien à cette attaque, les paysans finirent par s'éloigner : la position que j'avais fait prendre aux soldats empêcha qu'aucun d'eux fut atteint, les balles et les pierres étant allées frapper l'autre côté de la muraille. Deux heures après le départ de ces volontaires — malgré eux — il ne restait plus aucune trace de l'insurrection.

Nous apprîmes avec douleur à cette époque que le corps d'officiers en général et une très grande partie des sous-officiers et soldats du 1er régiment provi-

soire de dragons français, faisant partie de la
1re division, qui étaient cantonnés à Lebrija venaient
d'y être massacrés. Quoique je n'eusse appris que
quelques mois après les détails sur cet horrible événement, je crois à propos de les rapporter ici pour
ne pas déranger l'ordre de la chronologie. C'est un
de mes amis, échappé à cette boucherie, qui me fit
ce triste récit que plus de vingt personnes me confir-
mèrent ensuite.

De même que la 2e division, la 1re avait été dirigée sur San-Lucar et Rota, la 2e s'était arrêtée
un mois à Moron, la 1re séjournant pendant le
même temps dans un lieu nommé la Cabessa, à
cause de sa situation. Les troupes qui composaient
cette division furent à la même époque que nous
dispersées dans divers cantonnements. Le 1er régiment provisoire de dragons fut envoyé en entier dans
la ville de Lebrija, dont les habitants, comme partout ailleurs, n'étaient point prévenus en faveur des
Français. Le peu de réserve que mirent ces derniers
excita la haine des Espagnols, qui jurèrent leur
perte. Les officiers occupaient un bâtiment assez
vaste. Ces messieurs avaient tous beaucoup d'argent,
ils passaient les jours et les nuits dans des plaisirs
bruyants. Une telle conduite scandalisa les habitants
de la ville, qui, résolus à y mettre un terme, se dirigèrent vers le logement des officiers. Le colonel,
apercevant cette multitude armée qui s'avançait vers

eux en jetant de grands cris, ne douta point du sort qui les attendait ; alors, n'écoutant que son courage, il engagea les officiers, qui avaient tous conservé leurs épées, à se réunir et à vendre chèrement leur vie ; plusieurs avaient encore des pistolets, ils les chargèrent et descendirent se ranger en bataille devant le bâtiment qu'ils occupaient et attendirent ainsi leur ennemi. Les paysans, ayant plusieurs moines à leur tête, approchaient toujours en faisant entendre les cris, mille fois répétés de : « Mort à tous les Français. » Les officiers les laissèrent avancer et quand ils furent à bout portant, firent sur eux une décharge de tous les pistolets et mirent l'épée à la main. Les Espagnols, qui ne s'attendaient pas à cette résistance, se séparèrent en voyant tomber plusieurs d'entre eux ; mais bientôt, excités par les féroces religieux qui les commandaient, ils se rallièrent et chargèrent sur les officiers, qui se formèrent en carré, mais n'ayant plus que leurs épées, furent enfoncés. Alors les Espagnols en firent un carnage horrible ; un seul, nommé Chauvenbourg, parvint à s'échapper ; tout le reste fut impitoyablement massacré. Le corps du colonel fût déchiré en lambeaux que chacun de ces barbares se disputa. Tandis qu'une partie de ces misérables se partageaient les dépouilles de leurs victimes, le reste se portait à la maison qu'occupaient les simples soldats. Quarante-six subirent le même sort que leurs officiers. Les assassins se débarrassèrent de leurs cadavres en les précipitant dans un puits qui se trouvait près de là. La rage de ces cannibales n'était point encore satisfaite ; ils coururent au logement des sous-officiers, les firent descendre dans une cour et les placèrent sur deux rangs en face l'un de l'autre et à une certaine distance. Après les avoir fait mettre à genoux, les moines passèrent au milieu d'eux en leur présentant un crucifix à baiser. Pour les contenir, on les tint en joue et à un signal donné par ces religieux, des Espagnols, armés de marteaux, de haches et de massues écrasèrent ces malheureux. L'autorité cependant jugea qu'il était temps d'arrêter ce massacre ; à cet effet, elle fit marcher un détachement et fit sortir la procession. A la vue du Saint-Sacrement, les massacreurs se prosternèrent ; le détachement de troupes espagnoles en profita pour entourer les Français qui existaient encore et les conduisit ainsi, toujours accompagnés du Saint-Sacrement, jusqu'à la prison de ville où on les mit dans des cachots. C'est à cette mesure trop tardive que ces infortunés durent leur salut. Ces scènes d'horreur n'étaient malheureusement que le prélude de celles qui eurent lieu dans la suite, mais comme je ne dois pas anticiper sur les événements, je reviens donc à l'endroit où j'ai interrompu la narration de ce qui m'est personnel.

Nous avions donc appris à Teba la catastrophe de

Lebrija. Je m'applaudissais d'avoir pu contribuer par mes conseils à la sûreté de tous mes compagnons d'infortune et je me proposais, avec les autres sous-officiers, d'entretenir toujours entre les habitants et nous l'harmonie qui avait existé jusque-là. Notre conduite nous avait acquis l'estime de la saine partie de la population, et je jugeai que le peu d'animosité qui nous avait été témoigné lors du départ des miliciens, était plutôt l'ouvrage du corrégidor que de la volonté du peuple.

Nous étions parfaitement tranquilles depuis ce petit incident; j'avais, comme de coutume, continué mes occupations journalières. Je n'allais plus chercher le docteur Gonzalès, qui m'était devenu suspect. Cependant, je dois dire qu'il m'exprima le regret qu'il éprouvait d'avoir parlé de moi au corrégidor et qu'il m'assura qu'il n'y avait été porté que par l'intérêt que je lui avais inspiré.

L'armée française était dans les environs de Tolède; on craignait son approche; la crédulité de certains habitants était telle que les mensonges les plus invraisemblables faits sur nos soldats, étaient acceptés par eux sans examen ; une femme osa même un jour me demander s'il était vrai que les Français mangeaient les enfants après les avoir tués !

A quelques jours de là, l'alcade me fit demander chez lui pour me communiquer un message qu'il venait de recevoir de la junte de Séville. Il lui était enjoint de diriger les Français sur Cadix, à l'exception de ceux qui se trouvaient malades, qui resteraient à Teba jusqu'à leur entière guérison, après quoi il devait les évacuer sur le même point. Je lui témoignai la satisfaction que les Français allaient éprouver en apprenant cette heureuse nouvelle, il secoua la tête ; il me demanda si je ne voulais point rester près de lui pour servir comme par le passé d'interprète à nos soldats. Je lui répondis que je comptais suivre mes camarades.

Voyant que je ne me décidais pas à rester, l'alcade me dit : « Vous pensez peut-être que c'est pour vous rendre à votre patrie, détrompez-vous ; j'ignore où l'on doit vous conduire ; croyez-en ma parole, laissez partir vos camarades, restez ici. Vous serez plus heureux qu'eux. » Je l'assurai que j'étais décidé à subir mon sort tel qu'il devait être, et je me retirai, pour venir annoncer cette nouvelle aux deux compagnies réunies ; la joie la plus vive anima tous les cœurs et pas un de tous ces braves ne put contenir l'excès de sa joie lorsque j'annonçai que notre départ devait avoir lieu sous quatre jours ; je me gardai bien de leur faire connaître les pressentiments de l'alcade, ne voulant point les affliger.

Le lendemain, c'était le 21 décembre, je me levai de grand matin pour faire la remise du logement au seigneur alcade, qui me renouvela l'assurance de la peine qu'il éprouvait en me voyant partir, mais toujours sans m'en faire connaître le motif. Il me compta la solde pour tout le voyage, attendu qu'il ne nous serait rien délivré en route, pas même du pain ; tous les achats devaient être faits et payés par moi.

Les sous-officiers se présentèrent pour prendre congé de lui, il les reçut avec affabilité. Nous le remerciâmes de ses bontés pour nous, en recommandant à sa bienveillance ceux qui étaient obligés de rester pour cause de maladie. Nous nous étions proposés de lui laisser en partant un gage de notre estime, et nous lui offrîmes l'expression de notre reconnaissance par une lettre revêtue de toutes nos signatures.

L'Espagnol, chargé de nous conduire, était porteur de la feuille de route. Les tambours se firent entendre et nous nous mîmes en marche.

Nous arrivâmes le soir à Olbera, gros bourg situé sur le penchant d'une colline, le château qui le domine est considérable et paraît être de construction mauresque. Nous logeâmes dans un bâtiment d'où était sorti le matin même la 8e compagnie de notre bataillon dans laquelle j'avais plusieurs amis. Nous quittâmes Olbera le lendemain pour nous rendre à Argonalès. Je fis la route cette fois un peu moins tristement que la veille. J'avais demandé à l'Espagnol qui nous accompagnait de me prêter la carabine dont il était armé, ce qu'il fit avec plaisir, il me donna de la poudre et du plomb, et tant que dura la journée, je m'amusai à tirer sur des grues qui se trouvaient en quantité dans ces environs et qui passaient en troupes au-dessus de ma tête ; mais, dois-je le dire, j'eus la maladresse de n'en pas atteindre une. N'importe, j'y gagnai toujours un peu de distraction qui m'était bien nécessaire. Près d'arriver à Argonalès, je remarquai sur ma gauche un amas d'arbres que je trouvai très beaux, mais mon étonnement fut au comble lorsque je vis que ces arbres que j'admirais étaient des orangers. C'était la première fois que j'en voyais d'une grosseur aussi prodigieuse et surtout en pleine terre. Ceux que j'avais vus dans les jardins des Tuileries ne me semblaient plus que des petits arbrisseaux quand je les comparais à ceux que j'avais sous les yeux.

Nous fûmes très mal accueillis à Argonalès. Dès qu'on nous eût aperçu, la foule se porta sur notre passage, les cris de : « Mort aux Français ! » furent répétés de tous côtés, une grêle de pierres tomba sur nous, plusieurs en furent atteints, mais heureusement, personne ne fut blessé grièvement. On nous conduisit, d'après les ordres de l'alcade du lieu, dans une maison inhabitée, dans laquelle il nous recommanda de nous enfermer pour éviter tout accident.

Chargé de pourvoir à la subsistance du détachement, j'eus bientôt fait toutes mes acquisitions, je me disposais à rentrer, quand, tout à coup je me trouvai entouré par un groupe de paysans. L'un d'eux s'avança vers moi, ses yeux exprimaient la fureur, il voulait, disait-il, faire couler du sang français. Ma position était embarrassante, j'étais sans armes, et je craignais d'irriter cette population en cherchant à la calmer. Je voulus poursuivre mon chemin, ce furieux se jeta au-devant de moi et voulut me porter un coup de stylet, qui, grâce à l'Espagnol qui m'accompagnait, ne m'atteignit pas. Cet homme s'était aperçu du mouvement de ce brigand et avait détourné le coup avec son bras gauche tandis que du droit il avait saisi une arme semblable qu'il portait; il allait en frapper l'agresseur, si ce dernier ne s'y était soustrait par une prompte fuite.

Mon guide profita du mouvement pour m'entraîner; nous fûmes bientôt hors de vue de cette multitude. Je rentrai au logis pour faire la répartition de ce que j'avais acheté.

Dans l'après-midi l'alcade vint nous voir, il était accompagné du notaire royal du lieu. Il me fit plusieurs questions auxquelles je répondis et il se retira. Le soir sur les huit heures, on vint frapper à la porte, nous étions tous endormis. Le bruit qu'on fit éveilla ceux qui étaient couchés du côté de la porte. On m'appela pour répondre. Je demandai ce qu'on voulait de nous, on me répondit qu'on voulait parler au sous-officier qui servait d'interprète, je dis que c'était moi et demandai par quel ordre, mais prudemment. Nous n'ouvrîmes pas la porte; on me dit que c'était le seigneur alcade qui désirait que je vinsse chez lui, et que la personne qui me parlait était le notaire royal qui l'avait accompagné quelques heures auparavant et qui était chargé de m'y conduire. Je reconnus en effet la voix de cet homme. Je fis ouvrir, et dès que je fus prêt, je le suivis malgré les observations que plusieurs sous-officiers me firent sur les dangers que je pouvais courir.

Nous arrivâmes chez l'alcade, il était dans son salon auprès du feu; il se leva pour me recevoir. Après les compliments d'usage, il me fit asseoir, s'informa de mon âge, du lieu de ma naissance, des motifs qui m'avaient fait prendre du service, de mon grade, me demanda depuis combien de temps j'étais en Espagne, quel était le général sous les ordres duquel j'avais servi, etc., etc. L'habitude que j'avais de parler espagnol, et surtout de répondre à ces questions qui déjà m'avaient été faites par une infinité de personnes fut cause que je ne fis point, ou très peu, de fautes de langue.

Ce magistrat paraissait avoir l'esprit préoccupé et semblait vouloir par ses regards qu'il jetait tour à tour sur moi et sur l'homme qui m'avait amené chez lui, connaître l'opinion que ce dernier s'était formée à l'égard de ma personne. Je ne savais à quoi attribuer l'inquiétude où les deux hommes semblaient être relativement à moi, et j'allais leur demander l'explication d'une semblable conduite, lorsque l'alcade me dit avec le ton de quelqu'un qui se croit inspiré : « Puisque par votre grade vous êtes chargé de la comptabilité de votre compagnie, vous devez savoir écrire » ? A peine lui eus-je répondu : oui, qu'il sonna et fit apporter devant moi du papier, des plumes et de l'encre. « Tenez, me dit-il, écrivez ce que vous voudrez, soit en espagnol, soit en français. » Je pris une plume et traçai ces mots : « O padres y patria, qui daria yo para volver à veros ! » O mes parents ! ô ma patrie, que ne donnerais-je pour vous revoir ! Il lut et parut étonné ; quelques traits de plume jetés hardiment et des majuscules d'une forme correcte excitèrent son admiration. Il les montra au notaire royal en lui disant : « Ce jeune homme est réellement un Français, qu'en pensez-vous ? » Ce dernier examina mon écriture avec attention, et après lui avoir donné beaucoup de louanges, il convint aussi que j'étais Français et que les Espagnols ne sauraient point contrefaire ainsi leur écriture. Je ne pouvais concevoir comment ces messieurs avaient pu douter un seul instant que je ne fusse pas né en France, et je ne connus véritablement le mot de cette énigme que lorsque après m'avoir serré la main avec affection, le seigneur alcade me dit : « Le peuple de cette ville, sur votre facilité à vous exprimer dans notre langue, vous croyait un Espagnol déserteur, vous m'aviez été dénoncé, et je devais vérifier si cette accusation était fondée ou non. Si elle l'eût été, vous allez connaitre le sort qui vous était réservé. » Il sonna de nouveau à plusieurs reprises, et je vis entrer deux grands Espagnols : l'un portait des fers et l'autre un marteau et d'autres outils pour servir à les river. Cette vue me fit involontairement tressaillir, l'alcade me serra de nouveau la main et fit signe à ces alguazils de se retirer. Quand nous fûmes seuls, il me pria d'oublier la scène qui venait d'avoir lieu et d'accepter le souper qu'il m'offrait de partager avec lui et le notaire royal. Je ne crus pas devoir refuser, le repas fut bon et très gai. Nous sablâmes le madère, le val-de-penas, le xérès et le malaga ; on parla beaucoup, et malgré moi je vis encore la politique devenir le sujet de la conversation. J'étais animé, je parlai à cœur ouvert, je me récriai sur la barbarie des Espagnols, que l'agression des Français ne pouvait pas même excuser, et bien que mes hôtes portassent à leurs princes et à leur pays un sincère attachement, j'éprouvai la satisfaction de les voir partager mes sentiments à ce sujet. Il était une heure après minuit et l'on ne pensait pas à se séparer, ce fut moi qui, le premier, fis apercevoir que l'heure était déjà avancée et qu'il était temps de se retirer. L'alcade me proposa une chambre que je ne voulus pas accepter ; voyant que j'insistais pour m'en aller, il s'offrit à m'accompagner avec le notaire royal. Nous sortimes précédés d'un valet qui portait une lanterne, et arrivâmes à la maison où j'étais logé. On était inquiet de moi, et l'on se repentait déjà de m'avoir laissé aller, car on me croyait rayé de la liste des vivants. Je remerciai mes hôtes et leur souhaitai une bonne nuit. Je me couchai, et bien que ce fut sur le carreau, je ne tardai pas à m'endormir. La nuit ne fut pas longue pour moi ; dès qu'il fit jour on m'éveilla, notre guide était déjà arrivé, les soldats avaient le sac sur le dos et nous nous disposions à partir quand l'alcade vint me prier de déjeuner avec lui ainsi que l'Espagnol chargé de nous conduire. Je n'avais pas faim, comme on peut le croire, mais il fallut se rendre. Le détachement vint se ranger devant la maison de ce magistrat. Nous entrâmes, et nous nous mîmes à table où nous trouvâmes déjà l'infatigable notaire. Quand le déjeuner fut terminé, nous primes, notre guide et moi, congé de ces messieurs et nous nous mîmes en route avec le détachement pour nous diriger sur Bornos. Nous y arrivâmes d'assez bonne heure. Cette ville est ancienne, à en juger par ses monuments. Je partis avec notre guide pour aller faire les achats nécessaires ; il me conduisit à son logement où il me pria de l'attendre un quart d'heure. Il me laissa dans un salon avec deux jeunes et jolies Espagnoles occupées, l'une à broder et l'autre à coudre. Craignant qu'on ait aussi dans cette ville la sottise de me croire Espagnol déserteur, je ne parlai point, j'attendais en silence, en passant l'examen des attraits que j'avais sous les yeux. Voyant que je ne disais rien, ces demoiselles, jugeant que je ne pouvais me faire comprendre, commencèrent à engager la conversation. Dès les premiers mots, je me félicitai de n'avoir rien dit, car je connus que c'était moi qui allais en être le sujet. « Quoi ! se disaient ces jolies Espagnoles, c'est un Français qui est près de nous ! — Je ne puis croire, disait l'une, que ce jeune homme soit aussi féroce que ceux de sa nation. — Pour moi, répondait l'autre, il me semble que je n'aurais pas craint, si l'on s'était battu ici, de tomber entre ses mains. — Il n'est point mal, répliquait l'autre. »

Enfin, je fus obligé de parler, car il aurait fallu que je fusse muet pour ne pas céder à la tentation. J'offris à chacune d'elles de leur prouver que je n'étais point au-dessous de ce qu'elles m'avaient jugé ; la foudre tombée à leurs pieds ne les eut pas plus effrayées ; elles se levèrent avec la rapidité de l'éclair et se précipitèrent vers la porte, je les suivis, une seule put sortir, et la seconde, c'était la plus jolie, demeura prisonnière. Je la pris entre mes bras. « Je vais appeler ! » dit-elle. — Si vous le faites, lui répondis-je, je dirai tout ce que vous avez dit ! » Elle se tut. Je cueillis une demi-douzaine de baisers. Un bruit de pas qui se fit entendre dans l'escalier vint mettre un terme à ce bonheur que le hasard m'avait procuré. Je repris mon siège, et à peine étais-je assis que la porte s'ouvrit. C'était notre guide; il était accompagné de la fugitive qui cherchait à lire dans les yeux de sa compagne ce qui lui était arrivé. Je maudissais son retour, mais enfin, il fallut me résigner. Ses affaires étaient terminées. Il m'annonça que nous allions faire les miennes; je saluai les deux amies qui me rendirent mon salut en rougissant.

J'allai, accompagné de mon guide, faire l'achat des denrées nécessaires à la subsistance des sous-officiers et soldats de nos deux compagnies. Tout allait suivant mon désir; je trouvai les habitants beaucoup plus traitables que la veille, je fus bientôt de retour près de mes camarades. Comme j'avais peu dormi la nuit précédente, je me couchai de bonne heure, le sommeil me fit beaucoup de bien.

Le lendemain, nous prîmes la route de Xérès à travers les montagnes, nous arrivâmes dans cette ville sur les quatre heures du soir. Pour la première fois, je voyais une ville à la fois peuplée et marchande, des maisons bien bâties, des boutiques d'artisans de tous métiers. tout enfin, à l'exception du costume et du langage, me retraçant les villes de ma patrie.

VI

DÉPART. — L'EMBARQUEMENT. — LES PONTONS DE CADIX. — HORREUR DE NOTRE SITUATION. — LA MALADIE ET LA FAIM NOUS DÉCIMENT. — DÉPART POUR CABRERA. — TEMPÊTE.

On nous conduisit dans un couvent qui servait de caserne, un marquis commandait la place. Il nous passa en revue ; et quand il se fut assuré que nous étions bien le même nombre d'hommes que celui porté sur la feuille de route, il nous fit entrer. Nous trouvâmes réunis dans ce bâtiment quelques compagnies de la 4e légion et des soldats du train de la garde impériale. C'est toujours avec plaisir que l'on retrouve des camarades avec lesquels on a partagé les périls et la gloire ; aussi cette réunion fut-elle marquée par une petite fête. Le vin de Xérès est bon, et chacun en fit usage pour boire à l'heureuse rencontre. Le lendemain nous nous préparions à partir quand on fit appeler les sous-officiers du dernier détachement. Nous descendîmes, on nous dit d'aller prendre nos sacs ; quand nous fûmes de retour, on nous fit entrer quatre dans une petite chambre où nous trouvâmes le marquis de la veille, assis près d'une table. Huit hommes en armes étaient rangés autour de la chambre et, près de la porte, huit autres sans armes attendaient ses ordres. A un signal qu'il donna, nos sacs nous furent retirés, on nous dépouilla de nos habits, et même de nos chemises. Tous nos effets furent visités, nos ceintures nous furent enlevées, et l'or et l'argent qu'elles contenaient vidés sur la table. Rien n'échappa à la recherche de ces hommes avides. Nos épaulettes, les grenades d'or et les cors de chasse brodés sur les retroussis de nos habits furent piqués avec de longues aiguilles pour s'assurer qu'il n'y avait point d'or caché dedans. Ces Espagnols poussèrent leur inhumaine curiosité jusqu'à défaire les bandes de linge qui enveloppaient le bras d'un de mes camarades, et arracher sans précaution la charpie qui était dans la blessure de ce malheureux pour voir s'il n'y avait rien dessous. Montres, bijoux, tout nous fut enlevé ; il nous fut impossible de rien sauver. On me remit cependant l'argent nécessaire pendant la journée pour le détachement, toutefois en calculant sur le nombre qui en faisait partie. Nous nous habillâmes et l'on nous conduisit dans une prison pour nous empêcher de communiquer avec nos camarades. Nous pûmes cependant faire comprendre à quelques-uns d'entre eux qu'on venait de nous fouiller, ce qui leur fit prendre des précautions.

Tous les sous-officiers furent soumis à cette mesure; les soldats seuls en furent exempts.

Jusqu'à cette ville, nous avions conservé nos caisses de tambours et nos gibernes, mais là, on nous les retira pour les donner à des troupes espagnoles.

Nous ignorions encore ce que nous allions devenir; à deux heures après midi, on nous fit partir pour Puerto Santa-Maria. L'espoir de revoir notre patrie répandit la joie dans tous les cœurs et nous faisait oublier que le matin même nous avions été dépouillés de tout ce que nous possédions. Il y avait un quart d'heure que nous étions sortis de la ville, lorsqu'un courrier arriva vers nous et remit à notre guide un ordre de conduire son détachement à Puerto du Portal qui était à deux lieues de là. Nous y arrivâmes bientôt, et là, nous fîmes halte en attendant de nouvelles instructions. Un second courrier arriva : il apportait l'ordre de nous faire monter dans trois ou quatre barques qui se trouvaient là et d'y rester jusqu'à ce qu'on décidât de nous en faire sortir. C'était le 25 décembre, la pluie qui est si rare dans ce beau pays avait commencé à nous prendre en sortant de Xérès et tombait alors par torrents. Les barques dans lesquelles nous descendîmes n'étaient point pontées et étaient entièrement à découvert ; nous attendions avec impatience qu'on vînt nous en faire sortir pour continuer notre route. Nous n'avions aucunes provisions, l'événement du matin m'avait empêché d'en faire aucune, je n'avais acheté qu'un petit pain pour moi à la sortie de la ville ; la faim commençait à se faire sentir, je le partageai avec Golvin et le sergent-major Lamotte. Les autres sous-officiers et soldats n'avaient rien, puisque c'est à Santa-Maria que je croyais que nous devions aller. Et comme plusieurs paraissaient mécontents, je pris le parti de leur donner à chacun l'argent qui me restait pour eux. La nuit arriva sans rien changer à notre situation, le temps était couvert, et la pluie, loin de cesser, ne fit que redoubler de violence. Le vent était froid, et nous étions dans l'impossibilité de faire du feu. Il fallut ainsi attendre le jour. Nous étions trempés jusqu'aux os, et pour comble de disgrâce, la journée entière et la nuit suivante se passèrent de la même manière. La faim nous tourmentait, et nous n'avions rien qui pût l'apaiser.

Le 27, enfin, sur les onze heures du matin, quelques officiers espagnols arrivèrent et nous annoncèrent qu'il allait nous être fait une distribution de pain.

On nous fit mettre pied à terre et rétrograder d'une demi-lieue ; là, nous arrêtâmes et reçûmes un pain par homme. Il fut bientôt expédié : après une demi-heure de repos, nous quittâmes la route de Santa-Maria pour prendre celle de Puerto Real, nous traversâmes cette ville sans nous y arrêter. Nous trouvâmes des chaloupes qui nous y attendaient.

Quand chacun de nous eut acheté quelques petits

pains que des marchands vinrent nous vendre, on nous fit embarquer et bientôt, la voile s'enflant, nous fit éloigner du rivage.

Sept ou huit gros vaisseaux, sans mâts ni cordages et rangés sur une ligne occupaient le milieu du vaste bassin dans lequel nous étions. Nous ne pûmes longtemps, à juger par la route que nous tenions, douter du sort qui nous attendait. Nous vîmes clairement que ces vaisseaux qu'on nomme pontons, allaient devenir notre séjour.

Je ne pouvais alors m'empêcher de regretter Teba et de ne point avoir suivi les conseils du bon alcade don Florencio. Je me rappelai ce qu'il m'avait dit, que ce n'était point pour aller en France que nous allions partir, et que pour ne pas violer les secrets de son gouvernement, il n'avait pas voulu nous instruire de notre sort. Nous arrivâmes enfin sous l'un des bateaux flottants ; c'était le *Vencedor* (le *Vainqueur*), ancien vaisseau français. Notre chaloupe contenant environ quarante hommes, qui d'abord m'avait paru grande, ne paraissait auprès de cette masse, que ce qu'un insecte paraît auprès d'un homme. Nous passâmes successivement de la chaloupe dans ce vaisseau.

Nous fûmes fouillés de nouveau en arrivant sur le pont, et ce que nos camarades avaient pu soustraire aux recherches des satellites du marquis de Xérès, tomba alors au pouvoir des soldats espagnols.

Comme la nuit approchait, nous nous occupâmes de chercher un lieu commode pour nous loger. Tout le monde était descendu dans les batteries. La curiosité m'avait conduit dans les chambres des officiers qui composent ce qu'on nomme la dunette. J'en trouvai une petite dont les croisées donnaient sur le pont, auprès de l'habitation. Elle me parut commode, et je m'y installai. Je la conservai pendant tout le temps que je passai sur le ponton; elle me fut très utile : mes pains, quand j'en avais, étaient en sûreté, et c'était mon bureau, car je devins le secrétaire du cambusier, poste très important.

Nous étions entrés dans le vaisseau le 27, et ce ne fut que le 30 décembre au matin qu'on nous apporta des vivres.

On concevra facilement l'inquiétude que nous devions éprouver pendant ces trois journées, la perspective qui s'offrait à notre esprit n'était rien moins que riante, c'était la mort, et une mort cruelle.

1.824 hommes furent entasssés dans ce bâtiment en moins de huit jours ; les hamacs n'étaient point encore connus, ce ne fut que quelque temps après l'arrivée de huit matelots mis à bord pour l'entretien du bâtiment qu'on s'imagina d'en faire avec de la corde tissée en forme de filet.

Combien je me félicitai de m'être emparé de ma petite chambre : j'y étais seul, et par conséquent proprement, tandis que mes autres compagnons d'infortune, couchés les uns sur les autres dans les batteries, étaient plongés dans la malpropreté la plus dégoûtante et en proie à ce que la misère a de plus affreux.

Un tel désordre ne pouvait exister longtemps sans qu'il survînt de grands inconvénients. Les vivres ne nous venaient que très irrégulièrement, et j'ai remarqué qu'il n'est peut-être pas arrivé deux fois dans l'espace de trois mois que nous ayons eu tout ce qui nous était nécessaire, car lorsque nous avions du pain, nous n'avions point de légumes ; quand nous avions l'un et l'autre, nous n'avions point de bois ou point d'eau pour les faire cuire.

Nos légumes consistant en riz, fèves sèches, haricots ou pois, ne pouvaient qu'échauffer beaucoup notre sang, ce qui joint au mauvais air qui régnait dans le bâtiment, ne tarda pas à faire déclarer une maladie épidémique. Les premiers qui en furent victimes furent les hommes de l'aspect le plus robuste, les cuirassiers, les dragons, etc., etc..., pour qui les privations étaient beaucoup plus sensibles.

Pendant près de trois semaines, chaque jour voyait périr sur chacun des pontons trente ou quarante de nos malheureux camarades, les maladies les plus longues étaient de vingt-quatre heures, aucuns secours n'étaient portés à ces infortunés, l'eau même nous manquait la plupart du temps.

Les Espagnols ajoutaient encore à des traitements

aussi cruels en venant nous injurier : des femmes même, et l'on aura peine à le croire, des femmes de la classe la plus distinguée de la ville de Cadix venaient, montées sur des embarcations élégantes, voguer au milieu des nombreux cadavres qui couvraient la baie, se promener autour de nos pontons pour jouir du spectacle de notre misère et nous annoncer avec les démonstrations de la joie la plus atroce que bientôt nous serions tous égorgés.

Mais que pouvions-nous craindre?

N'était-ce pas un service à nous rendre, que de mettre, par une mort prompte, un terme à tant de maux!

La mesure de nos souffrances n'était point encore comble; les autorités de la ville de Cadix s'apercevant que le grand nombre des cadavres que chaque jour nous jetions à la mer, et que la marée ne faisait que pousser sous les murs de Cadix pour les ramener ensuite au point d'où ils étaient partis, pouvait, dans l'état de corruption où ils étaient, compromettre la santé des habitants de la ville qui se nourrissaient des poissons que l'on pêchait dans cette baie, prirent une résolution qui ne pouvait que nous être funeste.

On vint nous signifier, au nom de la Junte, la défense de jeter dorénavant les cadavres à la mer, et nous ordonner de les garder à bord jusqu'à ce qu'une barque affectée à ce service vint les enlever pour les faire enterrer dans un lieu désigné à cet effet; l'on menaça de décimer les prisonniers du ponton qui seraient pris en contravention.

C'était vraiment un spectacle navrant que de voir sans cesse les oiseaux de proie s'abattre sur les corps flottants de nos amis et en déchirer sous nos yeux les restes encore quelquefois palpitants, car il n'est que trop certain que plusieurs furent précipités avant d'avoir rendu le dernier soupir.

Mais que devînmes-nous, quand nous fûmes réduits à les garder sur le pont de notre vaisseau? Quatre, cinq et six jours se passèrent quelquefois sans qu'on vînt les enlever, et j'en ai compté sur le gaillard d'avant du nôtre jusqu'à 98, sans comprendre une vingtaine au moins qui étaient attachés à la traîne.

C'est en descendant, ou pour mieux dire en jetant à la mer un de ceux qu'on ne pouvait plus placer sur le pont, que je fus témoin de ce que je viens de dire ci-dessus; le corps étant tombé sur une ancre attachée à l'extérieur du vaisseau, le coup fut si violent qu'il arracha un cri aigu à ce malheureux qui existait encore, malgré toutes les apparences qui avaient fait présumer qu'il était mort. Ceux qui le descendaient ne songèrent point à le remonter, et se contentèrent de répondre que puisqu'il ne pouvait pas en revenir, c'était un service à lui rendre que de le noyer.

D'autres scènes non moins déchirantes se passaient chaque jour.

Un grenadier de notre bataillon atteint du scorbut et ayant une joue entièrement dévorée par un cancer, ne pouvant supporter plus longtemps la rigueur de son sort, adressa ses adieux à ses amis qui étaient près de lui sur le pont, en les instruisant de la résolution qu'il avait prise de terminer son existence; il se banda les yeux et se précipita dans la mer sans qu'aucun de ceux qui étaient présents songeassent seulement à s'opposer à cet acte de désespoir.

L'habitude du malheur était parvenue à nous rendre tellement insensibles, que nous résolûmes, pour bannir les idées sinistres qui nous assiégeaient, de nous livrer à des jeux d'exercices, tels que la balançoire, et des courses. Dans ce dernier jeu, on était obligé, pour ne pas être pris par son adversaire, de franchir les cadavres amoncelés, et quelquefois, il arrivait qu'on en traînait sur son passage afin de former des obstacles.

Cependant la maladie exerçait toujours ses ravages, et l'on n'était pas étonné d'apprendre le lendemain la mort d'un de ceux avec qui l'on avait joué la veille; dans l'état d'insensibilité où nous étions réduits, à peine songeait-on à donner des regrets à la perte d'un ami; on était plutôt tenté de s'en réjouir, puisque cette mort terminait ses souffrances.

Je vais citer à l'appui de ce que j'avance un fait

qui prouvera combien nous étions devenus indifférents.

Un malheureux soldat qui était obligé de monter pour quelque besoin, n'ayant pu, faute de forces, se traîner plus loin que le haut de l'escalier près duquel il était tombé, luttait contre la mort ; ses membres étaient agités de mouvements convulsifs ; un autre soldat qui avait un peu plus de vigueur étant monté sur le pont, se disposait, pour éviter de faire quelques pas de plus, à passer par-dessus le corps du moribond, qui, par un mouvement occasionné par la contraction des nerfs, toucha la jambe de celui-ci, qui, déjà chancelant, ne tarda pas à tomber sur lui. Insensible à l'état d'agonie de son camarade, le soldat tombé se releva, et en apostrophant le malheureux incapable de l'entendre, lui donna dans les côtes un coup de pied qui lui fit exhaler le dernier soupir.

Nous avions, pour le maintien de l'ordre, établi un conseil composé des sous-officiers les plus instruits ; cinq ou six hommes, que l'on avait qualifiés du titre de gendarmes, veillaient chaque jour alternativement près des barriques d'eau, afin d'éviter que les soldats ne se les appropriassent. Tant qu'il y en avait, la répartition se faisait à raison d'une gamelle, sept bouteilles environ pour seize hommes et par jour, et une barrique employée à la cuisson des légumes.

Lorsqu'il n'y en avait plus qu'une demi-barrique, elle était réservée pour les malades. On entendait par malades ceux qui étaient mis au rang des abandonnés.

On avait relégué ces infortunés dans une partie de la batterie de 18, sous passe-à-vent, près des cuisines.

Là gisaient, toujours dans la plus dégoûtante malpropreté, une quarantaine d'hommes demi-nus ou quelquefois totalement privés de vêtements, car on n'attendait pas toujours l'instant de leur mort pour les en dépouiller, considérant déjà comme perdu celui qui était atteint de la maladie.

Chaque jour, même les jours de fête : les Rois, les jours gras, la mi-carême était pour nous des jours de deuil, car bien que les vivres nous fussent dus quelquefois depuis plusieurs jours, on ne nous en apportait jamais.

Dans une de nos longues disettes, cinq jours s'étaient passés sans qu'on nous ait distribué ni pain ni eau ; un demi-sac de riz nous restait encore parce qu'on n'avait pu le faire cuire faute d'eau douce. Les expériences faites de l'emploi de l'eau salée avaient été trop funestes pour qu'on tentât de les renouveler; les Espagnols se riaient de tous nos signaux de détresse, car pour leur faire connaître nos besoins, nous hissions au moyen de drisses disposées par nous pour cet usage, des marques ostensibles, tels qu'une marmite pour faire connaître que nous n'avions point de légumes, un tonneau pour l'eau, et ainsi des autres objets. Cinq jours s'étaient ainsi passés, nous touchions au moment de l'anéantissement quand le ciel sembla nous prendre en pitié ; le temps se couvrit de nuages épais, tout présageait un violent orage.

A la vue de ce temps sinistre nos cœurs s'ouvrirent à l'espérance. Tous nos vœux furent pour que cette tempête éclatât. Ils furent bientôt accomplis ; l'éclair sillonna la nue, le tonnerre gronda et les cataractes du ciel s'ouvrirent.

Chacun se mit à l'ouvrage, des baquets, des marmites furent aussitôt placés dans tous les conduits où il y avait des écoulements, les issues extérieures avaient été soigneusement bouchées, tant on craignait de perdre une seule goutte du précieux breuvage que le ciel nous envoyait.

Le demi-sac de riz qui nous restait fut aussitôt mis sur le feu, dans des marmites remplies de cette eau dont les cadavres avaient été lavés et qui, dans son cours, avait entraîné toutes les immondices et la vermine qui était sur le pont.

Ce que nous avions prévu arriva. L'orage dura peu, cependant nous avions encore le temps de remplir d'eau un bon nombre de baquets et quelques barriques, précaution qui ne nous fut point inutile.

Dès que le riz fut cuit, on le distribua, et je puis dire que nous le dévorâmes sans la moindre répugnance, malgré la certitude que nous avions qu'il était rempli de saletés de toute espèce.

Après ce souper, qui nous sembla délicieux, nous allâmes chercher dans le sommeil l'apaisement de tous nos maux.

Le lendemain il nous arriva du pain, et, quoique nous n'eussions pas autre chose, bientôt nous eûmes oublié la misère des jours précédents. Le présent était tout pour nous, l'avenir ainsi que le passé ne nous occupaient plus.

Nous reprîmes nos jeux accoutumés.

Le soir, réunis dans le salon de l'état-major, où s'étaient installés une grande partie des sous-officiers, un sergent de notre régiment doué d'une mémoire extraordinaire, nous disait des contes; chacun prenait plaisir à l'entendre. Les *Mille et une Nuits* étaient la bibliothèque qu'il avait gravée dans sa tête, et malgré la barbarie de la plupart des noms employés dans cet ouvrage, il ne lui est jamais arrivé d'en confondre un seul, ni de priver les califes, vizirs, eunuques, sultanes et génies, de ceux qui leur appartenaient. Comme le conteur s'altérait, on avait soin de se cotiser pour lui fournir une demi-gamelle d'eau par soirée. Pour la journée, on l'employait à parler politique; souvent nos yeux avides de voir des troupes françaises, croyaient en distinguer défilant dans les plaines et les montagnes qu'ils pouvaient découvrir. Un soir, nous fûmes tellement persuadés que nous avions vu des Français que nous fîmes retentir l'air des cris de : « Vive l'Empereur ! » Une fusillade se faisait entendre du côté de la Isla de Léon, nous ne pouvions douter que ce fussent des compatriotes ; cependant, nous nous étions trompés. Un corps d'infanterie espagnole que l'on faisait changer de position avait occasionné notre erreur. Les soldats qui le composaient brûlaient en marchant les cartouches dont leurs fusils étaient chargés, et ce bruit, ou plutôt la lumière des amorces nous avaient fait croire que ce pouvait être une affaire d'avant-poste. Les troupes qui montaient les chaloupes canonnières qui nous gardaient, craignant que le bruit qu'ils entendaient à bord de nos pontons ne fut le signal de quelque insurrection, se mirent en mesure de faire feu sur nous si nous tentions de nous jeter à la côte en coupant nos câbles

Une nouvelle disette se préparait. Plusieurs jours se passèrent sans que nous ayons vu arriver ni pain ni légumes. L'eau seule ne nous manquait pas, aussi nous fut-elle d'un grand secours. On s'en servit à faire cuire les courroies, bretelles et peaux de havresacs après les avoir échaudés, afin d'en détacher le poil ; les tiges de bottes ne furent point oubliées. Déjà les chiens qui étaient venus à bord avaient été mangés, il ne nous restait d'autre ressource que de dévorer les objets que je viens de détailler, aussi ne négligea-t-on pas de l'employer ; et malgré le goût désagréable de ces aliments d'une nouvelle espèce, l'homme le plus difficile se trouvait encore heureux de pouvoir se nourrir.

L'horreur de ces disettes qui se renouvelaient souvent, détermina plusieurs de nos malheureux compagnons à tenter de se sauver à la nage, espérant qu'une fois arrivés à terre ils pourraient, par des marches de nuit, parvenir à gagner les premières lignes de l'armée française, qu'ainsi que je l'ai dit plus haut, nous ne pouvions croire encore bien éloignées. Cette résolution prise par des hommes qui n'apercevaient que la mort de tous côtés, ne fit que nous faire connaître la barbarie des hommes au pouvoir desquels nous étions. Un des soldats qui avait pris le parti de se sauver en nageant, ayant été vu par la sentinelle d'une des canonnières, fut poursuivi, et atteint conduit devant l'officier. On lui demanda de quel ponton il s'était échappé, il répondit que c'était du *Vencedor*. Sur sa réponse, il y fut conduit par l'officier qui, dès qu'il fut arrivé sur le pont, fit signe d'approcher à celui des prisonniers qui se trouva plus près de lui et qui regrettait même qu'un de ses camarades eut cherché à s'évader. Les ayant fait descendre tous deux dans la chaloupe, il les fit fusiller sur-le-champ, sans autre forme de procès, donnant pour raison que les prisonniers devaient être personnellement responsables les uns des autres.

On fit ensuite afficher sur tous les pontons un ordre du jour qui rendait les prisonniers responsables de toutes tentatives d'évasion, sous peine d'être décimés.

Les officiers réunis sur le ponton *La Castille*, adressèrent à la junte suprême de Séville une protestation énergique contre une pareille mesure, mais elle demeura sans réponse.

Dans le commencement de mars, je vis arriver sur les pontons les sous-officiers et soldats que nous avions laissés à l'infirmerie de Teba lors de notre départ. Ils nous apprirent ce qu'ils avaient eu à souffrir de la méchanceté d'une partie des habitants excités contre eux par le corrégidor et des persécutions qu'avaient éprouvées toutes les personnes qui s'étaient intéressées à nous pendant notre séjour dans le bourg. On juge de mes regrets en apprenant la négligence que le docteur Gonzalès avait apportée après mon départ dans les visites qu'il devait faire à nos soldats malades, négligence dont il se justifiait auprès du bon alcade don Florencio par la difficulté qu'il éprouvait de s'entendre avec eux.

De même que dans les cantonnements que nous avions quittés, tous les Français établis dans Cadix, ceux même qui d'origine française étaient nés dans cette ville, furent considérés comme suspects et mis en état d'arrestation. Leurs maisons furent pillées, et bientôt eux-mêmes jetés sur un ponton pour partager nos malheurs. Cet événement fut presque heureux pour nous. Des Espagnols allaient avec des barques vendre à ces nouveaux prisonniers des denrées de diverses espèces ; quand ils ne pouvaient se défaire de toutes leurs marchandises, ils venaient nous offrir d'acheter ce qui en restait, et bien qu'il se trouvât peu de personnes qui fussent pourvues d'argent, il y en avait encore assez pour les débarrasser de ce qui n'était pas vendu ailleurs.

On sera sans doute surpris qu'après avoir été fouillés autant de fois nous ayons pu parvenir à conserver encore de l'argent; cependant, il en restait encore beaucoup. Plusieurs avaient avalé tout l'or qu'ils possédaient, et à l'aide de ce moyen, étaient parvenus à sauver des sommes assez fortes. Un de mes amis avait ainsi garanti de la rapacité espagnole vingt-deux pièces d'or, de vingt et de quarante francs. Il les conserva huit jours dans son corps, et ce ne fut qu'au bout de cette époque, et à la suite de douleurs aiguës, qu'il finit par les retrouver.

J'avais à cette époque une dizaine de francs, que je m'étais procurés en vendant quelques effets qui m'étaient inutiles. Je songeai à les faire valoir en les employant dans le commerce.

Golvin, à qui je fis part de ce projet l'approuva et m'offrit d'être mon commis.

L'établissement fut bientôt formé; les dix francs furent employés à l'achat de marchandises, telles que figues sèches, amandes, oranges et petits poissons frits.

Golvin avait étalé sa boutique devant ma croisée, sur le dessus de l'habitacle, mais par malheur, tandis qu'il vendait à l'un pour un sou, un autre lui volait pour un franc. Je vis clairement qu'il ne nous restait qu'un moyen pour ne pas tout perdre, c'était de manger nous-mêmes ce qui nous restait, aussi ne tardâmes-nous pas à nous mettre à l'ouvrage, et tout le fonds de commerce fut bientôt expédié.

La mortalité était devenue moins grande, la propreté qu'il était plus facile d'entretenir dans le bâtiment, depuis que le nombre de ceux qui l'habitaient était si considérablement diminué, y contribuait beaucoup. L'ordre que nous étions parvenus à établir dans notre intérieur pour le maintien de la discipline avait aussi produit une amélioration sensible; les punitions peut-être un peu rigoureuses qu'on infligeait à ceux qui étaient convaincus d'avoir pris des vivres ou autres objets à leurs camarades, avaient retenu ceux qui étaient tentés de se rendre coupables; tout enfin nous faisait espérer un avenir moins cruel. Chaque jour l'espoir que nos compatriotes viendraient bientôt nous rendre à la liberté se fortifiait dans notre esprit, mais, hélas! nous étions loin de voir se réaliser cette douce illusion.

On nous annonça qu'un convoi de prisonniers allait être dirigé sur Mayorque et un autre sur les Canaries.

Nous reçûmes l'ordre d'être prêts à quitter notre ponton. On se peindra difficilement la joie que nous éprouvâmes à cette nouvelle ; nous ne pouvions croire à un sort plus affreux que celui que nous éprouvions depuis trois mois. Aussi attendions-nous avec la plus vive impatience l'instant où nous devions quitter cette cage dans laquelle avaient péri des milliers de Français.

Nous étions dans cette douce attente lorsque nous vîmes le ponton *El Niño* qui avait filé sur ses câbles et les avait ensuite rompus, se diriger vers le nôtre : le vent et la marée l'y portaient avec assez de force pour qu'il n'y eut pas moyen de l'éviter; il fallut se préparer à la secousse. Nous n'avions rien à redouter pour nous, notre bâtiment était beaucoup plus fort que l'autre, aussi n'éprouvâmes-nous aucun dommage. Les vaisseaux s'abordèrent et le choc fut très violent; le ponton *El Niño* fut ébranlé dans toutes ses parties, mais heureusement il ne survint aucun fâcheux accident. On ne tarda pas à passer d'un bord à l'autre. C'était un plaisir indicible de voir s'embrasser des hommes qui n'espéraient plus se revoir ; réciproquement on se félicitait de se retrouver encore existant après tant de calamités. Ce jour fut un véritable jour de fête ; plusieurs d'entre nous profitèrent de cette circonstance pour changer de ponton ; quant à moi, je voulus laisser s'accomplir ma destinée.

Le lendemain des embarcations vinrent remorquer le ponton *El Niño* pour le reconduire à la place qu'il occupait précédemment. Avant de se séparer on s'embrassa, et l'on s'adressa mutuellement des vœux pour une prochaine délivrance.

Le 28 mars au matin, à la pointe du jour, des embarcations couvrirent la baie. Plusieurs se dirigèrent sur notre ponton, et bientôt nous ne pûmes plus douter qu'elles ne fussent pour nous conduire sur les bâtiments qui devaient nous transporter aux îles Baléares.

Tout le monde fut prêt en un instant.

C'était à qui se précipiterait des premiers dans les chaloupes, tant on craignait de rester dans le fatal ponton.

Enfin nous sommes dehors de ce séjour de misère, nous voguons avec rapidité vers la rade marchande dont les nombreux vaisseaux présentent à nos yeux émerveillés l'image d'une immense forêt. L'air retentit des chants d'allégresse de tous les Français, et s'ils sont quelquefois interrompus, c'est par le souvenir que nous laissons encore en proie au malheur un grand nombre de nos camarades, car celui des Français désignés tant pour les îles Baléares que pour les îles Canaries, ne formait guère plus de la moitié des prisonniers.

Nous entrons dans la rade, nos yeux cherchent avec avidité le bâtiment sur lequel nous devons monter, nous passons au milieu de cette multitude de vaisseaux, qu'à voir de loin on eut cru devoir se toucher et qui se trouvaient encore à une assez grande distance pour s'éviter, lorsqu'ils sont obligés de suivre le cours de la marée soit qu'elle monte ou qu'elle descende.

En passant sous le couronnement des vaisseaux de ligne qui étaient armés et dont les Anglais s'étaient emparés, je ne pus m'empêcher de songer que plusieurs d'entre eux nous avaient appartenus.

Nous arrivâmes cependant au lieu où étaient réunis tous les bâtiments qui devaient faire partie du convoi, et nous nous arrêtâmes auprès d'un vaisseau à trois mâts, nommé *El Principe Réal* (le Prince Royal) et portant le n° 10. Nous y fûmes bientôt montés; nous nous y trouvâmes au nombre de 508, d'après le relevé des situations qui furent remises au capitaine chez lequel je fus appelé pour établir un contrôle nominatif de tous les prisonniers qui se trouvaient à bord.

A peine mon travail était-il commencé que je me

sentis indisposé par l'agitation continuelle du vaisseau. Je le cessai pour aller prendre l'air sur le pont, mais ce fut en vain que j'essayai de reprendre mon ouvrage pour l'achever, je fus forcé de l'abandonner totalement. Mon mal ne fit qu'accroître ; en éprouvant beaucoup de frissons, je pensai que le mal de mer qui s'était déjà fait sentir à plusieurs d'entre nous, pouvait en être la cause, mais je me trompais, la fièvre seule était ma maladie. Je me couchai dans mon hamac en corde que j'avais rapporté du ponton, heureux encore de cette précaution, car j'aurais été obligé ainsi que mes malheureux camarades de me coucher sur le plancher où j'aurais été fort mal. Les 508 hommes que nous étions n'occupaient guère que le tiers du bâtiment, le reste étant réservé au capitaine et à son équipage.

Ceux qui se trouvèrent logés dans la cale étaient tellement entassés qu'ils furent obligés pendant toute la traversée de rester assis et appuyés les uns sur les autres pour prendre leur sommeil.

Le 3 avril, à cinq heures du soir, le vent se trouvant favorable, la frégate commandant le convoi fit signal de mettre à la voile. On se mit aussitôt en devoir de lever l'ancre ; en ce moment un bâtiment anglais venait à toutes voiles vers nous. Le capitaine qui s'en aperçut lui cria de virer de bord ; soit mauvaise volonté soit qu'il mit trop de lenteur dans ses manœuvres, nous ne pûmes l'éviter. Son beaupré avança sur nous et s'embarrassa dans les haubans de bâbord que l'on fut obligé de couper promptement à coups de haches pour éviter une plus grande avarie. Nous rejetâmes l'ancre pour travailler à réparer le dégât qui venait de nous être fait, et ce ne fut que le 4, à midi, que nous pûmes sortir de la rade; le convoi qui était déjà au large avait mis en panne pour nous attendre. Nous le rejoignîmes sur les trois ou quatre heures, le temps était fort beau. Je montai sur le pont pour considérer notre petite flotte, elle était forte de vingt et une voiles, dont seize bâtiments de transport et cinq bâtiments de guerre qui composaient l'escorte.

Parmi ces derniers se trouvait un vaisseau rasé, deux frégates et deux bricks; le vaisseau rasé et un brick étaient montés par des Anglais, le reste était de la marine espagnole.

Le temps quoique beau ne nous était point favorable, aussi n'entrâmes nous dans le détroit de Gibraltar que le 6 avril. Comme nous avions le vent debout, nous fûmes obligés de courir des bordées pour le traverser. Sur le soir, le ciel qui jusqu'alors avait été serein, se couvrit d'épais nuages, la mer devint houleuse, et bientôt l'éclair en sillonnant la nue nous fit présager que notre entrée dans la Méditerranée allait être signalée par une affreuse tempête. Nos craintes ne tardèrent pas à se réaliser, la nuit était devenue très obscure, les vagues de la mer, semblables à des montagnes venaient se briser sur notre bâtiment ou quelquefois paraissaient l'élever jusqu'aux nues pour le précipiter ensuite dans un profond abîme. La foudre seule éclairait cet effrayant tableau; au milieu de ce bouleversement des éléments, le capitaine et ses matelots effrayés par l'imminence du danger abandonnèrent toutes les manœuvres pour ne songer qu'à Dieu. Tout à coup un vent furieux vint fondre sur nous, notre mât d'artimont fut rompu au-dessus de la hune et tomba sur le pont avec un fracas épouvantable.

En ce moment qui allait être le dernier de notre vie, la chute de ce mât fit chavirer notre vaisseau, heureusement on parvint à couper tous les cordages qui l'attachaient encore et qui auraient infailliblement servi à nous entraîner sans la présence d'esprit de quelques sous-officiers français qui, se trouvant là, s'étaient emparés des haches des Espagnols et s'en étaient servis avec tout le succès qu'on pouvait désirer. Toute la nuit se passa dans la plus cruelle anxiété; emportés par la force du vent, nous nous trouvions éloignés du reste du convoi et sans espoir.

Notre navire ainsi désemparé voguait au gré des flots sans que le capitaine et les marins de son équipage songeassent à nous tirer du danger auquel nous étions exposés. Il était près de cinq heures du matin et le temps était encore tellement couvert qu'on ne pouvait rien distinguer. A chaque instant de nouvelles vagues couvraient notre vaisseau, plus d'une fois nous nous crûmes submergés; loin de cesser, la tempête redoublait de fureur; enfin, à la lueur de la foudre, nous aperçûmes une masse de rocher, vers lesquels nous allions infailliblement nous briser, le vent, la marée, tout nous y portait. Les marins espagnols, à cette vue, poussèrent des cris de désespoir. En vain leur représentait-on l'imminence du péril, ces hommes faibles oubliant le vieux proverbe qui dit : Aide-toi, le ciel t'aidera, passaient en prières un temps bien précieux.

Cependant notre navire approchait toujours du fatal rocher, et bientôt nous touchâmes sur un récif. Le bruit que fit la quille en frottant et la violente secousse que nous éprouvâmes nous fit croire un instant que le bâtiment s'était entr'ouvert; heureusement, nous n'avions touché que légèrement et une forte vague en nous rejetant au loin nous avait garantis du naufrage qui eût été inévitable sans cet heureux accident. Mais nous n'échappâmes à ce danger que pour en courir un non moins grand. La vague en nous faisant éviter l'écueil nous avait rapprochés du rocher qu'un nouvel éclair nous fit apercevoir. Nous allions immanquablement nous perdre dessus, si les mêmes sous-officiers français, qui nous avaient été d'un si grand secours lors de la chute du mât d'artimon, ne s'étaient promptement emparés de la barre du gouvernail, et n'avaient, par un mouvement aussi rapide que la pensée, fait paravirer le vaisseau.

Cette heureuse circonstance tira le capitaine et les marins de leur stupeur. Ils semblèrent honteux de constater que des hommes qui n'avaient aucune connaissance de la marine aient eu plus de courage qu'eux. Ils reprirent les manœuvres et bientôt, à force de travail, nous nous éloignâmes de la côte.

Cette côte était celle de Barbarie. Je laisse à penser le sort qui nous eût été réservé sans la présence d'esprit de nos braves camarades.

Peu à peu le jour parut, les nuages se dissipèrent et le vent souffla avec moins de violence, mais la mer n'était point calmée. Nous n'apercevions rien autour de nous que la fatale côte que nous avions si heureusement évitée. Nous fîmes tous nos efforts pour gagner le large et ce ne fût pas sans beaucoup de peine que nous en vînmes à bout.

Nous cherchâmes en vain à découvrir quelque bâtiment du convoi, nous étions seuls au milieu de la tempête.

Nous passâmes ainsi la journée et la nuit suivante. Le roulis était insupportable tant la mer était encore mauvaise.

Le 8 avril, le temps était devenu serein et le soleil

en se montrant sur l'horizon avait ramené l'espoir dans tous les cœurs.

Cependant nous ne découvrions rien. Enfin sur les midi on cria : « Navire, vent à nous ! » Le capitaine prit sa longue-vue et nous annonça que c'était un de nos bâtiments d'escorte. Il arrivait à toutes voiles.

Dès que nous fûmes à portée de canon il tira un coup à blanc et nous fit signal de venir à lui. Notre mât et nos manœuvres rompues ne nous permettaient pas de faire grande diligence. Il tira un nouveau coup de canon, mais cette fois ce ne fut pas à blanc car le boulet siffla au-dessus de nos têtes et nous fracassa entièrement notre mât de misaine.

Rien ne peut égaler la colère du capitaine espagnol quand il vit que le vaisseau rasé faisait ainsi feu sur nous. Il fit à l'instant hisser plusieurs pavillons et des signaux. Le vaisseau rasé qui avait vent arrière fut bientôt auprès de nous ; il nous héla. Notre capitaine, après avoir répondu, se plaignit du traitement qu'on lui faisait éprouver et fit observer que le mauvais état dans lequel se trouvait son bâtiment l'avait seul empêché de se rendre au signal qui lui avait été fait.

Le capitaine anglais ne chercha pas à s'excuser, il nous prit à la remorque et à quatre heures après midi, nous entrâmes dans le port de Malaga où nous trouvâmes la moitié du convoi qui, plus heureux que nous, avait évité la tempête en entrant dans le port le 6 au soir.

Le reste avait relâché à Gibraltar. Nous seuls étions restés à la mer, aussi nous avait-on cru perdus. Nous passâmes quatre jours dans ce port, mouillés près du quai d'où nous pouvions découvrir toute la ville.

Dès qu'on eût jeté l'ancre, je montai sur le pont pour jouir de la beauté du site. C'était la première fois depuis le 28 avril, époque de mon embarquement à bord du *Principe Réal*, que je pouvais me procurer cette satisfaction ; le roulis du bâtiment ayant jusqu'alors été trop fort, vu le mauvais temps que nous avions eu, pour qu'il m'eût été possible de le supporter, ce qui m'avait obligé à demeurer constamment dans l'entrepont, lieu fort incommode et dont l'air méphitique qui y régnait ne pouvait rien moins que contribuer à ma guérison ; aussi ma maladie n'avait-elle fait qu'empirer dans le trajet que nous avions fait. Privé de toute espèce de secours, dévoré par une fièvre ardente, j'aurais infailliblement succombé sans les soins que prit de moi mon véritable ami. Golvin, mon cœur se plaît à le citer, fut sans cesse auprès de moi la nuit comme le jour. Son zèle était infatigable, et souvent même ce généreux ami se privait d'une partie de sa ration d'eau pour étancher la soif brûlante dont j'étais tourmenté. Il faut avoir été dans une position semblable à la mienne pour apprécier à leur juste valeur de pareils services et qui n'étaient encore que le prélude de ceux qu'il me rendit dans la suite de la traversée.

Pendant le temps que nous restâmes devant Malaga, on travailla à réparer notre bâtiment.

Un officier de santé français qui était à notre bord fit la demande à la Junta de cette ville de quelques médicaments et d'une barrique de vin pour être donnés suivant les besoins à ceux des prisonniers atteints de quelque maladie. On reçut une petite barrique de vin et du quinquina. Le même jour il en fut distribué à tous les malades. La mesure de vin par malade était de la grandeur d'un petit verre à liqueur. Quant à moi, après avoir reçu la mesure destinée aux malades, et dans laquelle on délayait de la poudre de quinquina, M. Saint-Ligier, officier de santé de qui j'étais connu, me faisait passer chaque jour un verre ordinaire plein du même vin, et afin que cela ne causât pas de jalousie, tous les soirs il recevait ma gourde vide et me la faisait remettre garnie le lendemain.

Malgré tous ces soins, la fièvre ne me quittait que fort peu, aussi profitai-je avec empressement du peu d'instants qu'elle me laissait pour aller prendre l'air sur le pont, soutenu par mon ami Golvin. J'étais tellement changé par ma maladie, qu'un de mes amis J.-Q..., qui se trouvait sur un bâtiment très près du nôtre ne put me reconnaître, et cependant nous

nous étions vus l'avant-veille de notre départ de Cadix.

Nous fîmes de l'eau à Malaga ; celle que nous avions à bord était tellement corrompue qu'elle était blanche comme du petit lait, et fumait quand on la versait, tant elle était échauffée. Quoiqu'elle fût peu agréable à la vue, elle l'était encore moins au goût ; elle était aigre et croupie et des milliers de vers se trouvaient dans chaque tonneau. Aussi avait-on soin de se boucher le nez et de boire au travers d'un linge chaque fois qu'on y était obligé par la soif.

Le 12, notre vaisseau était réparé. Nous appareillâmes à la pointe du jour et sur les neuf heures du matin nous levâmes l'ancre. A quelque distance de Malaga nous fûmes rejoints par les bâtiments qui avaient relâché à Gibraltar. Les vents nous contrarièrent pendant toute la traversée, ce qui rendait la navigation plus désagréable. La mer m'incommoda de plus en plus, mais ne pouvant lui payer le tribut ordinaire des voyageurs, mes fièvres redoublèrent et avec elles les attentions délicates de mon ami Golvin. En peu de jours je fus à la dernière extrémité. Une fois que j'étais monté sur le pont, avec l'aide de mon généreux camarade, je trouvai un voltigeur de ma compagnie, qui, après m'avoir salué, me dit en me plaignant : « Mon fourrier, je suis bien malade, mais vous l'êtes encore plus que moi », je ne pus dans ce moment m'empêcher de songer à une fin prochaine, je redescendis. Golvin me mit dans mon hamac. Il n'y avait pas un quart d'heure que j'y étais, que je vis monter de la cale le corps d'un soldat qui venait d'expirer. Je demandai qui il était et j'appris que c'était le même voltigeur qui, peu de moments auparavant, m'avait jugé plus malade que lui.

Bien que ce soldat se fût trompé en me croyant plus atteint qu'il ne l'était lui-même, ma situation était à peu près désespérée, car peu de jours après, à la suite d'un violent accès, je tombai dans un tel état d'affaiblissement que ceux qui étaient couchés près de moi croyaient que j'avais cessé d'exister. Mon pouls ne battait plus et ma respiration était arrêtée. J'étais sans sentiment. Déjà l'on se préparait à décrocher mon hamac pour en débarrasser le passage et jeter mon corps à la mer, quand Golvin arriva près de moi et s'opposa à ce projet. Toutes les épreuves qu'il fit parurent confirmer l'opinion qu'on avait eu de ma mort; mais en plaçant la main sur mon cœur il crut sentir encore quelques légères palpitations. « Il existe encore, s'écria mon ami, désormais je ne le quitterai plus! » En effet quelque temps après j'ouvris les yeux et je vis auprès de moi le généreux et sensible ami à qui je dois l'existence.

Ma maladie n'était pas encore à sa dernière période, le quinquina, remède souverain pour les fièvres, n'apportait aucune amélioration à mon état quoique j'en prisse régulièrement tous les jours. Jusqu'alors mes fièvres étaient froides, mais quelques jours après l'heureux événement qui me sauva d'une mort certaine, j'eus le transport au cerveau, je délirai. Pendant la nuit je trompai la vigilance de mon ami et montai sur le pont. La violence de mon mal avait quintuplé mes forces. Je m'étais emparé de tous les effets qui m'appartenaient et qui s'étaient trouvés sous ma main. Je jetai tout à la mer, j'ôtai même la chemise que j'avais sur le corps, parce que, disais-je elle était sale ainsi que tout le reste. Un seul habit en drap fin me resta, parce que se trouvant dans mon sac qui servait d'oreiller à un de mes voisins, on n'avait pu le prendre. Dès que Golvin s'aperçut que j'avais quitté mon hamac, il monta sur le pont et me trouva au moment où je venais de terminer mon expédition. Le mal était sans remède, il me fit descendre et recoucher.

Le lendemain, l'officier de santé me vint voir, mon délire avait cessé, je me trouvais à charge à moi-même. Je le suppliai donc de me donner du quinquina à si forte dose que je me trouvasse ou délivré de mes fièvres qui me consumaient, ou de l'existence qui m'était insupportable. Me croyant un homme perdu, ce chirurgien céda à mes désirs; il me fit prendre le fébrifuge en si grande quantité que mes fièvres furent coupées tout à coup.

Nous découvrions alors les montagnes de Majorque. J'attendais avec impatience que nous y fussions arrivés pour trouver le repos qui m'était si nécessaire.

Le 20 avril, comme nous pensions être au terme de notre voyage, un fort vent nord-ouest nous rejeta sur l'île Minorque.

La mer était violemment agitée ; nous étions tentés de croire que les éléments étaient conjurés contre nous pour nous empêcher d'arriver au port. Une trombe d'eau faillit nous engloutir.

Aussitôt que le temps fut plus calme, nous partimes après avoir laissé dans le port deux bâtiments chargés de prisonniers.

Le 25 avril, nous entrâmes dans la rade de Palma, capitale de l'île Majorque, où l'on nous annonça que nous allions faire quarantaine.

Il y avait trois jours que nous y étions quand nous apprîmes qu'à la suite d'une bataille qui s'était donnée dans la Catalogne, il avait été traité de l'échange de 1,500 prisonniers.

La Junta de Majorque s'occupa de suite de faire concentrer les bâtiments qui pouvaient, par le nombre d'hommes qui se trouvaient à bord, compléter cette quantité.

Nous fûmes désignés pour être du nombre des heureux.

Dès ce moment, on ne parla plus que de notre prochain retour. Tout paraissait devoir confirmer cette heureuse nouvelle. Plusieurs officiers étaient parvenus à force d'argent à se faire transporter clandestinement sur notre vaisseau, les uns dans des tonneaux, les autres déguisés en matelots espagnols.

La veille du jour de notre départ arriva. Nos camarades, qui se trouvaient sur des bâtiments près de nous, nous adressaient leurs adieux et enviaient notre sort !

VII

CABRERA. — INSTALLATION. — DÉSESPOIR. — CONDAMNÉS A MOURIR DE FAIM. — ÉVASION DES MARINS DE LA GARDE.

Le signal d'appareiller fut donné à quatre heures du soir et le lendemain, à la pointe du jour, on devait lever l'ancre. Mais, ô cruel contretemps, à onze heures du soir, le capitaine qui, par ordre, s'était rendu à terre, revint à bord et nous annonça la triste nouvelle que les arrangements étaient rompus et que l'échange convenu ne pouvant plus avoir lieu, nous allions être conduits provisoirement dans l'île de Cabrera pour achever notre quarantaine.

Le 5 mai, nous partîmes de Palma et arrivâmes le même jour à trois heures après midi dans la baie de l'île Cabrera où nous jetâmes l'ancre. On s'occupa aussitôt de notre débarquement. A six heures, il était effectué.

Quand nous fûmes à terre, les chaloupes qui nous avaient transportés s'éloignèrent aussitôt du rivage sans laisser avec nous un seul guide et même sans nous donner aucunes instructions.

Cependant les régiments se réunirent et, à sept heures, sous la conduite des officiers, l'on se mit en marche. J'étais, par suite du délire que j'avais eu pendant ma maladie, dans un état complet de nudité. Mes camarades me prêtèrent une capote, et, soutenu par mon ami Golvin qui s'était chargé de mon sac qui, comme je vous l'ai dit plus haut, ne contenait qu'un froc en drap fin, je suivis ainsi la compagnie. Nous marchions dans un sentier battu, nous ne doutions pas qu'il ne nous conduisit à quelque village où nous trouverions le logement. Une demi-heure s'était déjà écoulée, car nous n'allions pas très vite, le chemin étant tortueux et fort étroit, sans que nous ayons découvert aucune habitation. Le jour baissait, nous continuâmes néanmoins à marcher encore quelque temps. Enfin, la tête de la colonne s'arrêta. Chacun pensait qu'on avait découvert un endroit habité, mais bientôt nous fûmes détrompés. Le chemin s'arrêtait à une fontaine dans laquelle on descendait par quelques degrés. Comme nous ne pouvions passer la nuit dans le sentier que nous occupions, on se décida à gagner la vallée qui se trouvait à notre droite, au bas du coteau sur lequel se trouvait le chemin. Quand nous y fûmes arrivés, on se forma par compagnies et l'on se prépara à bivouaquer. Je choisis afin d'être plus mollement, un endroit où la terre était couverte par beaucoup de poussière et je m'y couchai en attendant le jour. Il arriva, mais sans apporter aucun adoucissement à notre sort ; au contraire, nous acquîmes l'affreuse certitude que l'île sur laquelle on nous avait déposés était absolument déserte.

Cabrera est une petite île d'environ trois lieues de tour, elle est située à sept lieues environ au sud de l'île Mayorque.

Sa figure est d'une forme très irrégulière, elle a plusieurs baies d'une assez grande étendue, celle du nord surtout offre une retraite assurée aux navigateurs contre les tempêtes, elle est entourée de rochers très élevés et est fermée par un goulet très étroit dont l'entrée est défendue par un château fort, d'antique construction, qui est bâti au sommet d'un rocher. Il était habité par une vingtaine de soldats espagnols qui l'évacuèrent une heure environ avant notre arrivée. Le but de cette petite troupe était, je crois, d'empêcher les bâtiments barbaresques de s'y réfugier.

Dans la matinée, les prisonniers se portèrent au bord de la mer, à l'endroit même où l'on nous avait débarqués. Les Espagnols y avaient déposé les marmites de cuivre, les chaudières et les gamelles qui avaient été destinées à notre usage à bord de chaque vaisseau, et avaient ensuite mis à la voile pour retourner à Palma.

Abandonnés à nous-mêmes, nous nous partageâmes proportionnellement ces ustensiles par régiment, et on les transporta à l'espèce de camp que nous avions établi, en attendant le moment de pouvoir nous en servir, car nous n'avions pas reçu de vivres en débarquant. Ce ne fut que le surlendemain de notre arrivée qu'il vint une barque de Palma et qu'il nous en fut fait une distribution.

On prenait avec nous les mêmes précautions que si nous eussions eu la peste.

Les Espagnols ne nous laissaient pas approcher du rivage avant d'y avoir déposé les denrées que nous devions nous répartir entre nous et s'être ensuite mis au large.

Le voyage suivant, la même barque apporta une douzaine de tentes pour le service des officiers. Une chaloupe se détacha pour venir offrir diverses marchandises. Une terrine pleine de vinaigre servait à déposer les pièces de monnaie qu'on leur jetait, car ils ne voulaient rien recevoir de nos mains, et ils faisaient parvenir aux acheteurs de la même manière les objets qu'ils leurs avaient vendus.

Chacun commença à se faire des abris avec des branches d'arbustes. On ne songeait pas alors à construire aucune habitation solide, ne pouvant croire que le gouvernement espagnol eut l'intention de nous laisser longtemps dans une telle situation.

Le logis que je m'étais fait et qui m'avait coûté beaucoup de peine, vu ma grande faiblesse, était juste de la longueur de mon corps. Je ne pouvais m'y tenir qu'assis ou couché à cause du peu d'élévation que je lui avais donné ; j'avais simplement planté des branches, aussi avant dans la terre qu'il m'avait été possible, et les ayant ensuite courbées les unes vers les autres je les avais attachées avec des écorces vertes ou d'autres petits osiers très minces ; ensuite, j'entrelaçai d'autres branches dans les premières en les serrant le plus que je pouvais, et ayant piqué le tout de feuillages que les voltigeurs de la compagnie m'avaient apportés, je fis une espèce de porte, ou plutôt de jalousie pour en fermer l'entrée. Cette habitation me servit pendant sept mois. Il y en avait de beaucoup plus grandes, plus commodes et mieux faites que la mienne, mais je l'ai déjà dit le défaut de forces et j'ajouterai même l'insouciance à laquelle je m'étais laissé aller, m'empêchèrent de rien entreprendre pour me loger plus commodément.

Dans les premiers temps de notre arrivée sur le ponton *le Vencedor*, un sergent de la compagnie nommé Ch... était venu à bout, à force d'insinuations perfides, à faire cesser l'union qui avait jusqu'alors existé entre le sergent-major et moi jusqu'à notre arrivée sur ce ponton. Il était parvenu à lui persuader que je n'avais point vu avec plaisir son retour qui me privait de l'autorité que j'avais exercée pendant son absence et lui fit entrevoir qu'à Teba même, après la remise obligée du commandement de la compagnie, j'avais eu l'adresse de le tenir toujours dans ma dépendance il lui donnait pour preuve que j'avais toujours été considéré comme le premier sous-officier, puisque j'avais été choisi pour être le dépositaire des sommes qui nous avaient été remises par l'alcade au moment de notre départ, et que, dans toutes les occasions, c'était à moi qu'on s'était adressé et non à lui qui, après les officiers, était véritablement le commandant de la compagnie.

Le sergent en question était tombé malade depuis notre arrivée dans l'île. On le transporta au lieu dit l'hôpital où, en peu de jours, il fut à toute extrémité. Quand ce malheureux se sentit à son heure suprême, il me fit demander avec le sergent-major. Quand nous fûmes près de lui, il me supplia de lui pardonner le mal qu'il croyait m'avoir fait et dont il disait éprouver le plus sincère repentir. Dès que je l'eus assuré que j'étais disposé à tout oublier, il nous fit l'aveu détaillé de ce que j'ai dit ci-dessus.

Quand il eut achevé de parler, il nous serra les mains qu'il tenait dans les siennes. Touchés de la peine qu'il paraissait ressentir, nous lui adressâmes des paroles de consolation et d'amitié, mais il ne put les entendre, il avait exhalé son dernier soupir.

J'avais, durant ma maladie à bord du bâtiment de

transport, contracté une maladie de peau fort commune dans les armées, et surtout en Espagne. Je prenais tous les jours des bains, mais n'ayant aucun médicament pour hâter ma guérison, ce remède était insuffisant. J'étais tout couvert d'horribles boutons A mon réveil, j'étais obligé de me traîner jusqu'au bord de la mer dont j'étais encore assez éloigné, pour y faire tremper mes mains qu'il m'était devenu impossible d'ouvrir. Joignez à cela une maigreur extrême occasionnée par le manque d'aliments qui ne nous arrivaient qu'en très petite quantité et sans nulle régularité, le hâle que les rayons brûlants du soleil avaient fixé sur tout mon corps, mon état de nudité et vous aurez une idée de mon portrait dans l'île de Cabrera.

J'étais convalescent, et l'air, beaucoup plus vif que dans l'entrepont du bâtiment de transport, me donnait un appétit dévorant que malheureusement je ne pouvais jamais satisfaire.

Pour comble de malheur, l'eau douce vint à nous manquer; il fallait passer deux jours et autant de nuits à attendre son tour à la fontaine qui coulait goutte à goutte, pour remplir un verre d'eau ; encore fûmes-nous bientôt, par la sécheresse, privés totalement de cette ressource. L'eau saumâtre devint alors notre unique boisson; nous en avions un puits don heureusement la source était abondante. Malheureusement cette eau ne pouvait désaltérer, en raison de la quantité de sel qu'elle contenait. Les hommes qui en usaient immodérément furent atteints d'une maladie qui les conduisait rapidement au tombeau.

Pour moi, je trouvai le moyen d'apaiser ma soif en allant me plonger dans la mer; cette immersion rafraîchissait mon sang et me causait toujours un affaiblissement qui était ordinairement suivi d'un sommeil assez profond.

Voyant les progrès de la maladie parmi nous, le conseil d'administration, composé de deux officiers qui étaient restés et de quelques sous-officiers, pensa qu'il était de son devoir, pour obtenir quelques secours du gouvernement espagnol, de faire la demande d'un ecclésiastique qui pût donner aux mourants les consolations de la religion.

On écrivit en conséquence à la Junta de Palma qui ne tarda pas à nous faire réponse. Le prêtre nous était accordé.

Le 18 juillet 1809, el señor Damian Estebrich mit pied à terre, non sans quelque crainte, se considérant sans doute comme un missionnaire qui va prêcher chez des sauvages. Il cherchait à lire dans les regards de ceux qui s'étaient pressés autour de lui, si l'accueil qu'on lui faisait était réellement sincère. Il semblait douter d'être réellement en sûreté au milieu de nous.

Les membres du conseil le reçurent et le conduisirent dans une des salles du logis que nous avions baptisé du nom de château; il s'y s'installa. Les soldats y transportèrent ses bagages. Il fut bientôt rassuré sur son sort; mais il fit cependant l'aveu que, d'après les bruits qui circulaient sur le compte des Français, il avait été longtemps à se décider à débarquer, et que même au moment où il avait vu les prisonniers accourir pour le voir, il avait été près de remonter à bord et à retourner à Palma.

Le señor Damian Estebrich était un homme d'environ quarante-cinq à cinquante ans, de petite stature. Sa physionomie n'était point agréable, la dissimulation se lisait sur ses traits.

A sa facilité de s'exprimer en français, on était tenté de le croire un de ces hommes que les troubles de notre révolution avaient obligé à chercher un refuge chez l'étranger.

Afin de le mettre dans nos intérêts, on s'empressa d'élever une chapelle en terre et couverte par un berceau de feuillage dont on entretenait la verdure en la renouvelant sans cesse.

Sur le désir qu'il témoigna d'avoir une maison dans le camp, pour éviter les courses pénibles qu'il était obligé de faire au château, le conseil lui en fit construire une sur le penchant de la colline de l'hôpital.

Enfin on ne négligeait aucun moyen de le satisfaire dans l'espoir de le rendre favorable.

Depuis longtemps on présentait à la junta de

Palma le tableau des souffrances des prisonniers français, de leurs malades périssant dans les horreurs de la soif, supplice mille fois plus horrible que les tourments causés par la faim, on n'obtenait aucune réponse satisfaisante. Le conseil profita de l'arrivée du señor Damian Estebrich pour renouveler ses demandes et pria cet ecclésiastique de les apostiller.

La lettre fut expédiée par la première barque qui nous amena des vivres, et le voyage suivant on reçut avis qu'on allait s'occuper de nous envoyer ce que nous sollicitions.

Le 4 août enfin, l'on vit arriver une petite barque. C'était de l'eau douce. Cette heureuse nouvelle fut bientôt répandue dans l'île. Les fourriers se réunirent pour assister à la répartition qui allait être faite de l'excédent des besoins de l'hôpital, et se transportèrent sur le rivage avec des hommes de corvée munis de vases pour recevoir ce qui leur reviendrait de cette eau tant désirée.

Par extraordinaire, la chaloupe canonnière qui nous gardait et qui ne s'était jamais éloignée un seul instant, était sortie de la baie pour aller rejoindre une frégate espagnole, je ne sais pour quel motif, et se trouvait alors à plus de deux lieues de distance.

Cette circonstance extraordinaire fit concevoir aux marins de la garde impériale le projet de se rendre maîtres de la barque qui venait d'arriver et d'aller gagner la côte de France la plus voisine. Tous se mirent en grande tenue et s'approchèrent près de nous, nous étions loin de nous douter de leur dessein. Ils attendirent que l'eau, au nombre d'une quarantaine de petits barils, fut débarquée.

On procédait au partage, quand on les vit tout à coup s'élancer sur la barque. L'un d'eux arracha d'un bras vigoureux le grappin qui lui servait d'amarre, pendant que les autres hissaient les voiles sous un vent favorable.

Les marins espagnols se jetèrent précipitamment à la mer, à l'exception du patron qu'ils attachèrent au pied du grand mât.

Un soldat français de la 5e légion qui se trouvait dans le fond de cale de la barque et qui aidait les Espagnols à débarquer diverses marchandises que ces derniers avaient apportées pour vendre aux prisonniers, en entendant le bruit qui se faisait sur le pont fut saisi de frayeur et, étant remonté avec vitesse, il allait sauter à la mer pour gagner le rivage, quand l'un des marins de la garde impériale l'arrêta en lui disant : « Puisque tu es ici, partage notre bonheur. »

Nous étions restés immobiles d'étonnement et nos entreprenants camarades étaient déjà au milieu de la baie que nous n'étions pas encore revenus de notre surprise.

Le vent les favorisait, et ramant avec force pour doubler de vitesse, ils s'éloignèrent en faisant retentir l'air de : « Vive l'Empereur ! » et emportant avec eux les vœux que faisaient tous leurs compagnons d'infortune pour le succès de leur téméraire entreprise.

Cependant les matelots espagnols se mirent à courir du côté du château, dans l'espoir de les voir arrêtés par la chaloupe canonnière, qu'ils pensaient ne devoir pas être loin ; de son côté le curé, car c'est ainsi que nous avions nommé le prêtre qui résidait avec nous, instruit de l'événement, se mit à courir aussi dans la même direction en poussant d'épouvantables cris. Quand il fut arrivé au château, il monta sur la plate-forme la plus élevée pour faire des signaux. Sa soutane attachée au bout d'une perche, lui servait de pavillon ; il l'agitait dans l'air dans l'espoir qu'elle serait aperçue de la chaloupe canonnière, mais voyant que c'était vainement, il prit le parti d'allumer du feu sur cette même plate-forme. Ce nouveau moyen ne lui réussit pas plus que l'autre. Le soleil, qui était dans toute sa force, en absorbait la clarté par l'éclat de ses rayons.

Il fallut bien qu'il se résignât.

Enfin, au bout de deux heures, la chaloupe canonnière rentra.

Le curé courut porter cette nouvelle à l'officier qui la commandait ; aussitôt il mit toutes ses voiles dehors pour se mettre à la poursuite des fuyards. Leurs pièces de canon, en chasse, ne cessaient de tirer pour les aider dans leur marche, mais ce fut inutilement ; nos heureux déserteurs avaient de l'avance. L'amour de la liberté avait doublé leurs forces pour ramer et le ciel même paraissait les protéger dans leur fuite.

Désespérant de les atteindre, la canonnière rentra dans la baie au bout de quelques heures. Elle reçut à son bord les matelots de la barque enlevée. Le curé ne se contraignit plus dès ce moment, il exprima hautement l'aversion qu'il avait pour les Français.

Lorsque la junta fut instruite de cet événement, elle ordonna que le prix de la barque serait prélevé sur nos vivres jusqu'à concurrence de paiement, ordre qui fut ponctuellement exécuté.

C'était la première fois que nous recevions de l'eau, comme on l'a vu ci-dessus, mais ce fut la seule, malgré les diverses demandes que nous fîmes ultérieurement à ce sujet.

Vers la fin du mois d'août, un sergent de la compagnie nommé Albertin qui avait toujours eu pour moi beaucoup d'égards, me fit part qu'un de ses amis, sous-officier de la 5ᵉ légion, qui avait amassé quelque argent au moyen d'un établissement qu'il avait formé, désirait trouver quelqu'un qui eût assez de patience pour lui montrer à lire, à écrire et à calculer, qu'ayant pensé à moi il m'avait proposé à son ami, si toutefois cela me faisait plaisir. Il m'y conduisit le jour même et nous fûmes bientôt d'accord sur le prix. Nous le fixâmes à cinq francs par mois et deux leçons par jour. Il m'offrit, voyant l'état dans lequel je me trouvais de me donner deux mois d'avance, afin que je pusse m'habiller. Je les acceptai, et deux heures après, j'étais équipé de pied en cap : un pantalon de toile, un habit. Des souliers me furent vendus par un malheureux à qui la faim paraissait moins facile à supporter que la nudité.

Le lendemain, je pris mes fonctions d'instituteur; mais avant de commencer nos leçons, nous déjeunâmes ensemble. Le vin, qui était passable, me parut délicieux.

Je commençai mon cours et ne vis pas sans quelque plaisir que mon élève n'était pas doué de très grandes dispositions, ce qui me laissait l'espérance de lui être longtemps nécessaire. Cependant, je fis ce qui fut en mon pouvoir pour lui donner quelques connaissances. De son côté, les égards qu'il eut pour moi me furent d'une très grande utilité et par ses soins, peu à peu, je recouvrai totalement mes forces et la santé.

Successivement, je remontai ma garde-robe.

Plusieurs hommes de la compagnie vinrent à mourir, je m'emparai de leurs habits et le sergent Albertin, qui était fort industrieux, les ajusta à ma taille.

Déjà je n'étais plus reconnaissable; quinze jours avaient suffi, grâce à ma jeunesse, pour me rétablir entièrement.

Le 10 août, un bâtiment de guerre portant pavillon blanc et aigle noir se présenta à l'entrée de la baie. La canonnière se mit en devoir de s'opposer à son entrée. Mais la frégate, car c'en était une, se plaça en travers, en menaçant la canonnière de lui envoyer toute sa bordée si elle faisait un seul mouvement offensif.

L'officier espagnol céda à la nécessité. La frégate entra et jeta l'ancre au milieu de la baie.

Nous formâmes mille conjectures, mais nous ne pûmes savoir ce que voulait ni de quelle nation était ce bâtiment.

Il repartit le lendemain comme il était entré.

Le 26 du même mois, il arriva un bâtiment espagnol sur lequel se trouvaient des officiers et des sous-officiers espagnols et quelques Français qui avaient pris parti.

Ils annoncèrent qu'ils étaient autorisés à recevoir ceux de nous qui voudraient s'engager au service de l'Espagne.

Il s'en trouva soixante-quatorze, presque tous Suisses ou Italiens. Le reste aima mieux souffrir un esclavage plus terrible que la mort, que de trahir à la fois l'honneur et la patrie.

Au milieu de tant de maux, croirait-on qu'il était possible de se créer encore des plaisirs qui pussent nous rappeler ceux qu'on trouve au sein de la capitale. C'est pourtant ce qui arriva.

12.

Les officiers et sous-officiers composant le conseil, quelques officiers de santé et plusieurs autres sous-officiers de lanciers, formèrent le projet de jouer la comédie. Il fallait élever un théâtre; il fut décidé qu'on le placerait à quelques pas en arrière de la chapelle.

Aussitôt, on se mit à l'œuvre. Sur un carré d'environ vingt-cinq pieds, on fit rapporter des pierres et des terres, on donna à cette terrasse trois pieds et demi à quatre pieds d'élévation. Quelques rations de pain suffirent pour payer les hommes employés à ce travail. Les châssis des coulisses, le fond du théâtre furent faits avec des branches entrelacées en forme de claie et garnis de feuillage et de fleurs de bruyère. Les ciels furent remplacés par des guirlandes de même espèce.

Le 8 septembre, on fit l'ouverture de ce théâtre champêtre.

Monsieur Vautour, le Désespoir de Jocrisse et *le Billet de logement*, rédigés de mémoire, furent les trois pièces que les comédiens sociétaires y représentèrent. J'avais obtenu un billet et j'étais par conséquent placé dans l'enceinte destinée à ceux qui étaient privilégiés. Des couplets analogues à la circonstance furent ajoutés au vaudeville final des pièces. Aussi les applaudissements les plus flatteurs et les plus unanimes terminèrent-ils la représentation. Chacun se retira enchanté du spectacle et des acteurs et fredonnant comme à la sortie du Vaudeville le refrain de quelques-uns des couplets qu'ils avaient entendus.

Je ne tardai pas à faire plus ample connaissance avec les sociétaires du théâtre. Un de mes amis, avec qui je m'étais lié à bord du *Vencedor*, me fit connaître comme amateur; on me proposa un rôle que j'acceptai et je dus bientôt débuter.

Ce passe-temps nous aidait à supporter notre misère avec plus de résignation. Le temps s'écoulait pour nous d'une manière beaucoup plus agréable que pour ceux des prisonniers qui n'avaient jamais habité les villes ou qui, n'ayant reçu aucune instruction, étaient étrangers à cette espèce d'amusement.

Depuis quelque temps, le besoin de se construire des habitations solides s'était fait sentir; quelques orages avaient suffi pour nous faire connaître l'insuffisance de celles que nous avions eues jusqu'à ce jour. De tous côtés on voyait des maisons s'élever et le camp prendre peu à peu l'aspect d'une ville.

Tout était en activité. Les uns s'occupaient à ramasser les pierres, d'autres à faire le ciment qui devait les réunir; ceux-ci élevaient les murs tandis que les autres allaient couper avec un mauvais cercle de fer, ou renverser à l'aide du feu, les arbres dont le bois devait servir à faire la charpente de la toiture.

Des six sous-officiers de la compagnie nous n'avions

perdu que le sergent Ch... dont j'ai parlé ci-dessus. Nous étions encore cinq; nous décidâmes que nous bâtirions une maison assez grande pour loger six personnes, notre intention étant de nous adjoindre un soldat de la compagnie qui nous avait toujours servi dans les cantonnements. Nous cherchâmes un emplacement plus commode que celui que nous occupions, lequel avait été inondé plusieurs fois par les torrents d'eau qui, dans les temps de pluie, s'écoulaient des montagnes dominant la vallée.

Nous nous rapprochâmes de la mer et par conséquent du lieu où se faisaient les distributions. Notre choix tomba sur l'emplacement désigné par les prisonniers sous le nom de Palais-Royal. A peu de distance de là, on avait, en fouillant, trouvé des pierres taillées qui annonçaient qu'il y avait eu anciennement un édifice que quelque événement ou le temps avaient détruit. Nous jugeâmes qu'en continuant ces fouilles nous trouverions suffisamment de pierres pour la construction de notre maison. Nous n'avions pour tout instrument qu'un fort clou de navire et des petits pieux en bois; mais comme avec de la persévérance on vient à bout des choses les plus difficiles, nous entreprîmes notre travail. Il fut couronné du plus heureux succès. Nous sortîmes de la terre des pierres de taille de deux pieds et demi à trois pieds de longueur, sur dix-huit à vingt pouces d'épaisseur et quantité d'autres de plus petite dimension. Nous trouvâmes un chapiteau de colonne en marbre blanc d'ordre corinthien, indice certain que le monument enseveli était d'une architecture importante, nous pensâmes que ce ne pouvait être qu'un ouvrage des Romains. D'autres, à notre exemple, creusèrent divers endroits et trouvèrent des tombeaux couverts de pierres noires semblables à l'ardoise, beaucoup d'ossements humains parfaitement conservés et des médailles en cuivre, bronze et airain, mais tellement oxydées qu'on ne put reconnaitre à quelle effigie elles avaient été frappées.

Les prisonniers qui les trouvèrent les vendirent aux officiers anglais quand ils vinrent nous visiter.

Quand nous eûmes suffisamment de pierres et que les murs furent élevés, nous nous occupâmes d'aller chercher les pieux de bois nécessaires à la toiture. Il fallait aller à trois quarts de lieue dans la partie de l'île dite la forêt de pins. Nous étions venus à bout de denteler en forme de scie un morceau de cercle de fer qui nous fut de la plus grande utilité pour ce travail. Nous passâmes une journée à couper ce dont nous avions besoin et le lendemain nous nous occupâmes de le transporter au camp. Nous en vinmes à bout, mais ce ne fut qu'avec toutes les peines imaginables, puisqu'il nous fallut, chargés du poids énorme de ces arbres, gravir par des chemins affreux des rochers d'une hauteur prodigieuse; cependant nous arrivâmes le soir, harassés de fatigue et après deux jours d'absence, à notre demeure habituelle.

Nous avions laissé pour garder nos matériaux un sergent qui depuis longtemps était indisposé. Les vivres étant venus à nous manquer à cette époque pendant quelques jours, il ne put supporter davantage les privations et périt d'inanition entre nos bras. Il était âgé de vingt-deux ans, d'un caractère très enjoué et appartenait à une très bonne famille de Saint-Malo.

De même que les autres prisonniers qui avaient construit des habitations solides, nous avions couvert la nôtre en feuillages, et la quantité prodigieuse que nous en avions employée nous donnait lieu de croire que nous serions à l'abri des intempéries de la saison. Nous fûmes bientôt détrompés. Les premières pluies suffirent pour nous convaincre que nous devions chercher un autre moyen de nous abriter. Nous ne balançâmes pas un instant; nous avions, en allant chercher du bois, remarqué près du rivage des endroits que les eaux de la mer avaient dû couvrir dans des temps reculés, nous conclûmes que le sable qui nous paraissait durci par les rayons du soleil avait dû y être apporté par lits et qu'il nous serait peut-être facile d'en lever des tables propres à nous tenir lieu de tuiles ou d'ardoises. Nous partîmes donc sans communiquer notre projet à personne, munis du clou précieux dont nous nous servîmes en guise de ciseau.

Le succès surpassa nos espérances; nous levâmes des tables qui avaient jusqu'à deux pieds en carré, de l'épaisseur d'un pouce à un pouce et demi. Au milieu de ces lits de pierre, nous trouvâmes quelques coquillages et poissons pétrifiés, ce qui nous prouva que nous ne nous étions pas trompés dans nos conjectures, et que la mer avait autrefois couvert de ses eaux cet endroit qui se trouve actuellement d'un pied au moins plus élevé que le niveau de sa surface.

Il fallut transporter au camp toutes les pierres que nous étions venus à bout d'arracher. Ce travail fut fort pénible.

J'avais obtenu du conseil de ne point porter en déduction sur la situation de ma compagnie le sergent qui était mort depuis peu de jours, je touchai cette ration et comme les aliments étaient la monnaie courante, j'en fis pendant plusieurs jours le sacrifice pour payer un homme qui se chargea de transporter les pierres à ma place. Tout le monde y gagna, car, plus fort que moi, cet homme fit plus en un voyage que je n'aurais pu faire en trois. Le sergent-major qui, avant d'avoir été militaire, avait été couvreur en ardoises, se chargea du soin de toute la toiture qui fut achevée en peu de jours.

Tous les prisonniers admiraient notre maison, la seule de l'île qui pût braver les orages. Quelques-uns entreprirent de suivre notre exemple, mais comme nous avions enlevé les pierres les plus faciles, ils furent obligés d'y renoncer.

Nous étions donc bien logés ; il ne nous manquait plus que des meubles, nous ne tardâmes pas à en avoir. Le sergent-major qui était très adroit fit des chaises et des tabourets, une table ployante dont le dessous était en petites branches d'olivier sauvage ouvragés comme les paniers en osier. Nos lits étaient élevés de deux pieds de la terre et étaient composés d'une claie de six pieds de long sur deux et demi de large, recouverte de feuillages que nous avions soin de renouveler.

Le soldat que nous avions pris avec nous entretenait dans notre demeure la plus grande propreté.

Je témoignai le désir que Golvin, cet ami à qui j'avais tant d'obligation, prit la place qui avait été destinée au sergent que nous avions récemment perdu, mais on m'objecta que les autres caporaux de la compagnie pourraient concevoir de la jalousie. Je fus donc obligé de renoncer au projet que j'avais formé et cette place demeura vacante.

Un sinistre accident vint jeter la consternation dans le camp. Un effrayant orage éclata sur notre île; il fut d'une telle violence que plusieurs baraques s'envolèrent et écrasèrent sous leurs débris les malheureux qui se trouvaient couchés.

Le vent en soufflant avec furie, enleva les tuiles de l'hôpital et les transporta à une très grande distance.

Les malades, au nombre de près de cinquante, n'ayant plus d'abri, périrent dans cette nuit désastreuse. Leurs corps furent entraînés dans le camp au milieu des torrents d'eau formés par les pluies.

Les cadavres depuis longtemps enterrés dans la colline qui servait de cimetière se trouvant à découvert, suivirent le courant et dans l'état de corruption où ils étaient déjà, se détachèrent par fragments, en sorte que jusqu'à la mer on n'apercevait que des membres épars.

Cet événement fit qu'on transporta l'hôpital dans un autre lieu. On s'occupa aussi de rassembler les tristes restes de nos malheureux camarades et de les déposer de nouveau dans le sein de la terre, où comme par une fatalité, ils n'avaient encore pu trouver le repos éternel.

L'habitude du malheur nous fit bientôt oublier cet accident pour ne songer qu'au besoin présent. Chacun s'occupa à réparer son habitation. Quelques-uns abandonnèrent totalement les leurs pour aller vivre au loin dans des trous de rochers ou dans des grottes.

L'approche de l'hiver vint aussi interrompre le cours des représentations sur notre théâtre champêtre. Le vent éteignait les lumières et quelquefois la pluie dispersait acteurs et spectateurs.

Nous nous préoccupâmes de remédier à ces petits inconvénients. Il y avait sur le flanc du rocher qui montait au château une citerne; nous descendîmes dans l'intérieur et la trouvâmes assez spacieuse pour servir de salle de spectacle. On fit aussitôt faire une ouverture à l'une de ses faces et élever dans le fond un théâtre en terres rapportées et maintenues par un petit mur de deux pieds et demi de haut, qui tenait toute la largeur de la citerne. De vieilles toiles de tentes, des roseaux servirent à faire des décorations. On fit venir de Palma quelques couleurs communes pour les peindre; enfin, le 8 novembre, eut lieu l'ouverture du nouveau théâtre sur le rideau duquel on remarquait cette légende : *Obliviscitur ridendo malum*.

Le théâtre n'était pas ma seule occupation; j'avais toujours mon écolier que je ne négligeais point, quoiqu'il me fut devenu bien moins indispensable.

J'appris aussi à faire des armes et je devins bientôt assez fort pour pouvoir donner leçon à mon ami Golvin. Les fleurets n'étaient point chers; on n'avait que la peine d'aller les couper dans les rochers où il ne manquait point d'oliviers sauvages.

Mais un travail beaucoup plus agréable me fut bientôt offert. Un de mes amis, sergent-major du régiment, qui avait beaucoup d'instruction, me fit part du désir qu'il avait de lever le plan de l'île de Cabrera et m'offrit de m'associer à lui pour cette opération.

Une planchette et une alidade en bois furent les seuls instruments dont nous nous servîmes. Nous passâmes plusieurs jours à déterminer les principales parties de l'ile, telles que les pointes des caps, les sommets des angles rentrants, les points les plus élevés, la position des principaux objets relativement au terrain, ensuite nous fîmes le tour de l'ile pour en dessiner les contours. Enfin nous terminâmes notre travail avec toute l'exactitude que l'on peut exiger d'ingénieurs privés des instruments nécessaires aux opérations graphiques.

Les diverses courses que nous fûmes obligés de faire m'aidèrent à connaître tout ce que l'île renferme de curieux. Les grottes sont particulièrement dignes de remarque; il y en a deux principalement qui méritent d'être citées : l'une est située à l'est et l'autre à l'ouest; cette dernière est très spacieuse.

On rencontre, dans l'une et dans l'autre, des stalactites et des stalagmites formées par l'infiltration des eaux qui se cristallisent en se pétrifiant.

L'auteur de *Gil-Blas*, Lesage, donne la description de l'une d'elles. Il y fait surprendre quelques-uns de ses héros par les Algériens, mais il tombe dans une erreur que, si peu importante qu'elle soit, je ne crains pas de relever ici. « Cette grotte, dit-il, est située à l'est, on y trouve, à l'entrée, un chèvrefeuille et un figuier. » Le chèvrefeuille et le figuier existent en effet, mais c'est à l'entrée de la grotte de l'ouest. Ce sont les seuls arbustes de cette nature qui soient dans l'île.

On descend dans chacune de ces grottes par une

ouverture qui se trouve sur le flanc du rocher dans l'intérieur duquel elles sont situées.

Pour parvenir à celle de l'est, il faut passer dans des endroits très dangereux, la montagne se trouvant pour ainsi dire à pic du côté de cette ouverture.

Plusieurs officiers, attirés par la curiosité, firent un jour la partie d'aller les visiter. L'un deux posa par malheur le pied sur une pierre qui se détacha, il perdit l'équilibre et fut précipité; son corps était en lambeaux lorsqu'il s'arrêta. Cependant pour peu qu'on mette de prudence, on peut aisément y arriver. Dès qu'on est entré dans l'ouverture qui ressemble assez à celle d'un four, on descend très facilement dans le fond; mais il n'est point inutile de se munir de torches, attendu qu'à cause de sa forme de spirale, on est privé de clarté dès qu'on est au second tour. Quand on est arrivé au plus bas, on trouve une espèce de caveau assez élevé dont les murs et la voûte sont couverts de cristallisations. J'en abattis avec des pierres une assez grande quantité, je choisis les plus belles pour les emporter; mais lors de ma rentrée en France, je les abandonnai dans mon premier logement, attendu que leur poids m'incommodait pendant la route.

On trouve dans cette grotte des colonnes de la même matière que les stalactites; elles rendent des sons, lorsqu'on les frappe avec une pierre et sont de la hauteur de vingt à vingt-cinq pieds.

La grotte de l'ouest est d'un abord très facile, mais il n'est pas aisé d'y descendre sans échelles de cordes.

Cependant, j'y parvins ainsi que plusieurs autres prisonniers que la soif ou la curiosité engageait à y pénétrer.

L'ouverture est au moins de sept à huit pieds de large sur quatre à cinq de hauteur. Lorsqu'on est au bord, ce n'est pas sans émotion que l'on considère la profondeur qui est au moins de trente pieds.

La lumière qui y pénètre par l'ouverture, permet de découvrir une grande partie de l'intérieur ; on doit, si on se hasarde à descendre, quand on n'est pas, comme je l'ai dit plus haut, muni d'échelles de cordes, se résoudre à se voir suspendu à quarante pieds d'élévation par les deux index qu'il faut passer dans une espèce d'anneau naturel formé par le rocher même.

Quand on est ainsi suspendu, car les pieds ne sauraient toucher à aucun endroit, attendu l'excavation qui existe, il faut tourner autour d'une pierre arrondie sur laquelle porte seulement la poitrine jusqu'à ce qu'on puisse placer les pieds sur des parties saillantes ; alors on descend facilement jusqu'au bas. Quand on y est arrivé, on ne peut se lasser de considérer le spectacle qu'on a autour de soi. On prête à chaque objet quelque similitude avec des figures diverses, alors on croit voir des statues, des obélisques, des portiques, des buffets d'orgues, ces derniers surtout sont très bien représentés dans plusieurs endroits de cette grotte par un grand nombre de petites colonnes cristallisées, placées très près les unes des autres devant des cavités.

Toutes ces stalactites attachées à la voûte ressemblent à ces lames de glace que nous apercevons par les fortes gelées, suspendues au bord des toits des maisons.

On trouve au fond de cette grotte, à gauche, une espèce de petit bassin qui contient de l'eau très fraîche, mais en petite quantité; elle provient du surplus des infiltrations qui ne peut être absorbé par l'évaporation.

On remarque aussi au bas de l'ouverture un monticule de sable très fin, en pente douce, qui a dû y être apporté depuis longtemps par un fort courant d'eau.

Le sol est couvert de stalagmites de diverses formes; les unes sont mamelonnées et ressemblent assez à des grappes de raisin, d'autres sont demi-sphériques et paraissent, par le poli de leur surface, être plutôt l'ouvrage des hommes que celui de la nature.

Comme j'avais apporté avec moi quelques couleurs que je m'étais procurées, je coloriai le croquis que je venais de faire de cette grotte.

Les autres grottes de l'île n'offrent rien de curieux; ce sont de simples cavités formées dans les rochers, dans lesquelles quelques prisonniers avaient été chercher un asile.

Dans l'une d'elles vivaient une trentaine d'hommes qui, ayant usé leurs vêtements par suite des courses qu'ils avaient faites dans les rochers pour chercher du bois, s'étaient trouvés totalement nus.

Ces malheureux, réunis autour de leur feu, le teint livide, les joues caves, le corps noirci par la fumée, ressemblaient plutôt aux cyclopes de la fable qu'à des guerriers français.

On découvrit, près de la grotte de l'est, une mine qu'on pensa devoir être d'argent. Les Espagnols, instruits de cette découverte, firent fouiller et remplirent une petite embarcation de cette matière. Mais les essais faits à Palma, par plusieurs chimistes sur ce minerai n'ayant produit aucun résultat avantageux, on l'abandonna totalement.

Passons au règne végétal.

Les prisonniers, en fouillant dans la terre pour divers motifs, découvrirent une petite racine tuberculeuse d'une saveur très âcre; cuite dans l'eau, elle devient farineuse comme la pomme de terre. Beaucoup de soldats, qui consommaient ordinairement les vivres de quatre jours dans un seul, avaient recours à cette racine pour subsister pendant les trois autres. Quelques-uns en composaient une pâte qu'ils faisaient cuire comme un gâteau, sur les cendres ou dans l'huile, mais quelque moyen qu'on ait employé, on n'a pu lui faire perdre son âcreté.

Les officiers de santé pensèrent que cette racine, appelée par les prisonniers, pomme de terre de Cabrera, appartenait au genre colchicum et qu'elle était vénéneuse. Ils la considéraient comme une des principales cause de la grande mortalité qui eût lieu dans l'île. On trouva aussi sur les rochers des iris. Les officiers de santé crurent que c'était le *sculta maritima*.

Les feuilles de ces deux plantes se ressemblent, en effet, mais leur racine diffère beaucoup, puisque celle de l'iris est une réunion de tubercules, tandis que celle du *sculta maritima* est un oignon semblable à celui du lis ou des tulipes.

Il existe à Cabrera une plante très curieuse par la rapidité extraordinaire de sa végétation.

Cette plante s'élève en moins de quinze jours ou trois semaines, au plus, à la hauteur de douze ou quinze pieds. Sa tige, de la grosseur de la jambe d'un homme, est très spongieuse; mais quand elle a été desséchée par les rayons du soleil, tout en conservant sa solidité, elle devient plus légère que le liège. On ne saurait mieux la comparer qu'à la moelle du sureau.

Deux ou trois morceaux coupés à la longueur d'un pied suffisent pour soutenir un homme sur l'eau.

C'est à l'aide de cette plante qu'un grand nombre de prisonniers apprirent à nager.

Le pin, qui croît en abondance dans cette partie est de l'île, ne se trouve point dans les autres.

On rencontre aussi quelques oliviers sauvages et du buis, dont quelques hommes adroits firent de forts jolis couverts qui, étant gravés, se vendirent jusqu'à cinq francs l'un ; quelques genévriers, le chèvrefeuille et le figuier de la grotte de l'ouest, voilà les seuls arbustes que nous trouvâmes dans l'île.

Je dois ajouter un petit arbrisseau, dont la feuille ressemble beaucoup au laurier ; il produit un petit fruit semblable à une fraise, mais dont le goût, quoique agréable, est moins exquis. Nous le nommâmes laurier-fraise. (Cet arbrisseau est l'arbousier.)

Puisque je me suis occupé du règne végétal et du règne minéral, je ne dois point passer sous le silence ce qui regarde le règne animal.

Cabrera tire son nom des nombreux troupeaux de chèvres qu'y conservaient autrefois les Majorquais.

A notre arrivée dans l'île il en existait encore deux ou trois, auxquelles les prisonniers donnèrent la chasse. Une seulement, tomba en leur pouvoir, les autres, en voulant échapper à la poursuite qu'on leur faisait, se précipitèrent dans la mer et furent perdues.

Les lapins étaient assez communs, quoique sans être en aussi grande quantité que dans la petite île voisine, qui porte le nom de : la isla de los Donijos, (île des Lapins), mais l'adresse et l'habileté de quelques prisonniers les rendirent bientôt rares.

On trouve aussi dans Cabrera une quantité prodigieuse de lézards de la grosseur de ceux de notre pays, mais un peu plus noirs. J'en ai vu tuer jusqu'à dix d'un seul coup de branche d'olivier sauvage.

Dans quelques-unes de nos disettes, plusieurs hommes essayèrent de s'en servir pour apaiser la faim qui les tourmentait, mais on a remarqué que presque tous ceux qui avaient essayé de ce moyen étaient morts.

Je ne saurais décider si ce fut réellement pour avoir fait usage de ce singulier aliment que ces malheureux perdirent la vie.

Il y a pendant l'année deux époques de passage d'oiseaux; pendant ce temps on voit beaucoup de grives et les hirondelles de mer ou goélands sont fort communes à Cabrera; mais on ne peut espérer d'en avoir que lorsqu'ils ne peuvent encore voler. Il faut pour cela aller les chercher dans les nids qu'elles se construisent dans les crevasses des rochers qui sont à pic du côté de la mer.

Malgré les dangers auxquels il faut s'exposer pour aller surprendre ces oiseaux, dont la chair est assez désagréable, il se trouva pourtant des hommes qui ne craignirent pas de s'y exposer.

Munis de cordes qu'ils attachaient au sommet des

rochers, ils se laissaient glisser jusqu'à ce qu'ils eussent rencontré l'objet de leurs recherches, mais plus souvent, ils ne trouvaient que la mort par suite de la rupture des cordes dont ils se servaient.

La mer offre très peu de ressources, les coquillages y sont très rares, attendu que la Méditerranée n'a point de flux ni de reflux. On prenait quelquefois des poulpes dans la baie; ce poisson ressemble à la seiche; il a un bec semblable à celui d'un perroquet; ses queues au nombre de sept, garnies de boutons au moyen desquels il aspire et s'attache fortement, sont beaucoup plus longues; il trouble l'eau comme la seiche lorsqu'il se voit sur le point d'être pris, en lançant une liqueur noire qui est contenue dans une vésicule. Sa chair est très dure; il faut la battre longtemps lorsqu'on veut la faire cuire afin de la mortifier, encore n'est-ce pas un met bien délicat.

Quelques hommes, en plongeant, rapportèrent des coquillages de douze à quinze pouces de long, en forme de moules, dont le poisson remplissait à peu près un quart. Le dedans de ces coquilles était semblable à la nacre de perle, on n'en trouva pas plus de six à huit. On pêcha deux branches de corail, une blanchâtre et l'autre rouge, mais de peu de valeur.

Les éponges sont communes, moi-même j'en ai été chercher au fond de la mer et j'en ai rapporté de très fines. J'essayais quelquefois de pêcher, mais je ne fus jamais heureux, et je dois dire que fort peu réussirent à cet exercice. Les Espagnols qui nous gardaient jetaient tous les jours leurs filets et prenaient une assez grande quantité de petits poissons qu'ils nous vendaient un sol ou deux la livre.

J'oubliais de dire que notre étrange curé ayant obtenu des graines de cotonnier en avait fait une petite plantation ; et lorsqu'on lui demandait s'il pensait que nous dussions être bientôt rendus à la liberté, il nous répondait, pour nous consoler : *que nous partirions de Cabrera lorsque la canne dont il se servait pour marcher aurait produit des fleurs et des fruits*, ou quand il aurait récolté assez de coton pour nous habiller tous !

Telles étaient les paroles d'espérance que donnait à de malheureux prisonniers le ministre du Dieu de bonté.

Depuis longtemps, il se faisait dans l'île un commerce sur les aliments qui ne contribua pas peu à augmenter le nombre des victimes ; mais un autre négoce bien plus scandaleux s'établit.

Il se trouvait parmi nous une quinzaine de femmes ; chacune avait un sobriquet. Elles vivaient avec des hommes qui les avaient adoptées depuis leur arrivée ou qui étaient venus avec elles.

L'appât du gain fit concevoir l'idée d'une spéculation.

Ces femmes passèrent bientôt dans les bras des

capitalistes de l'île, c'est-à-dire de ceux qui étaient parvenus à conserver de l'argent, les unes volontairement, les autres par suite d'arrangements avec les soi-disant maris qui, au moyen d'une somme d'argent, se désistaient de tous leurs droits.

Ceux qui avaient fait un semblable marché ne tardèrent pas à se détacher de leurs nouvelles compagnes et les revendaient à un prix moins élevé.

Cette sorte de marchandise baissa considérablement de prix. J'ai vu mettre en vente une femme qui n'était point dépourvue d'agréments ni de jeunesse, pour la modique somme de dix francs, tout habillée, ou cinq francs toute nue.

Cette monstruosité fut encore poussée plus loin; on allait jusqu'à mettre en loterie une de ces malheureuses. Le prix du billet était de quatre sous !

Cette femme était polonaise et méritait un meilleur sort, car elle avait été faite prisonnière en chargeant, contre un escadron espagnol. Son cheval ayant été tué, elle fut obligée de se rendre.

Elle avait la tête et la poitrine couvertes de cicatrices plus honorables que jolies, et l'on dit même qu'à son régiment elle avait été désignée pour obtenir la décoration de la Légion d'honneur.

Je ne sais comment le gouvernement espagnol eut l'inhumanité de faire partager à des femmes les rigueurs de la captivité qu'il nous faisait éprouver; sans doute que tout ce qui portait le nom de français était pour lui un objet d'exécration puisqu'il a pu se déterminer à des actes aussi barbares.

VIII

LA BARQUE AU PAIN. — FAMINE. — L'AGONIE ET LA MORT DU PLUS GRAND NOMBRE. — LUEUR D'ESPOIR. — DÉPART COMME PRISONNIERS DES ANGLAIS. — PORCHESTER.

L'envoi des vivres devint de plus en plus irrégulier.

Le désespoir s'emparait des prisonniers, plusieurs s'étaient déjà donné la mort pour se soustraire aux maux dont nous étions encore menacés.

En effet, sous prétexte d'un calme, les 21, 22, 23 et 24 décembre 1809, nous restâmes sans vivres, quoique le pain nous fût dû depuis le 16.

Heureux ceux qui avaient pu faire quelques économies ; mais malheureusement le nombre en était fort petit.

Cette disette nous enleva un assez grand nombre de camarades dont, pour ainsi dire, on enviait le sort.

Le 27 janvier 1810, il entra dans la baie un brick anglais, plusieurs esclaves noirs descendirent à terre pour chercher du bois.

L'idée me vint que peut-être c'était une occasion de faire parvenir de mes nouvelles à ma famille. Je pris aussitôt un mauvais morceau de papier que j'arrachai à un agenda et sur lequel j'écrivis ce peu de mots :

Je suis prisonnier de guerre à Cabrera, petite île près Mayorque; ma santé est aussi bonne qu'on peut le désirer. Une circonstance favorable se présente pour vous donner de mes nouvelles, je la saisis avec empressement. Puisse ce peu de mots calmer les inquiétudes que mon silence a pu vous causer.
Je suis, etc., etc.

Je pliai mon billet et courus sur la trace des noirs. J'en rencontrai un, je lui fis signe que j'avais besoin de lui, il s'arrêta. Ne pouvant me faire comprendre je tirai ma lettre et je lui montrai (un genou en terre, pour lui faire connaître que c'était une prière que je lui adressais), ma lettre et la mer comme pour lui dire que je désirais qu'elle en franchît l'espace. Il m'entendit et, pour réponse, il éleva une main vers le ciel et porta l'autre sur son cœur. Il prit ma lettre, la plaça dans un des plis de sa ceinture, il me serra la main comme pour m'assurer qu'il m'avait compris et il s'éloigna de moi précipitamment.

Ma lettre arriva suivant mon désir à sa destination. J'ai appris depuis que, quelques mois après, elle était parvenue portant le timbre d'un des ports de l'Italie.

Lorsqu'on la reçut, il y avait près de deux ans qu'on n'avait eu aucune nouvelle de moi ; aussi lorsqu'on en parlait, c'était comme de quelqu'un qui avait cessé d'exister.

Le 14 février, un nouvel accident arriva dans l'île ; la barque aux vivres qui entrait ordinairement dans la baie du nord n'ayant pu le faire, à cause du vent contraire, fut obligée d'aller gagner la baie de l'est. Les sous-officiers y furent appelés pour assister à la distribution qui devait avoir lieu immédiatement après le débarquement des denrées.

Connaissant le temps qu'exigeait cette opération préliminaire, je ne me pressai pas, j'étais dans ma baraque occupé à faire des armes avec un de mes amis, le chevalier de Tilly, avec lequel j'avais lié connaissance dans les instants de ma plus grande détresse. Nous étions donc à nous escrimer en attendant la distribution, quand nous entendîmes un bruit confus.

Nous sortîmes et aperçûmes beaucoup de prisonniers qui couraient vers le point où la barque était entrée.

Comme ce mouvement n'était point ordinaire, nous dirigeâmes nos pas de ce côté ; nous apprîmes aussitôt qu'un grand nombre de prisonniers avaient sauté à bord et se préparaient à l'enlever. Nous doublâmes le pas et nous arrivâmes bientôt.

Le fait était tel qu'on nous l'avait annoncé. Les

trois quarts des vivres n'étaient point débarqués, les voiles étaient déjà hissées et la barque s'éloignait du rivage, lorsque les prisonniers qui étaient assis sur les rochers qui sont en amphithéâtre de ce côté, s'opposant à cette tentative qui allait les faire jeûner de nouveau, s'armèrent de cailloux dont ils firent tomber une grêle épouvantable sur le bâtiment. Plusieurs de ceux qui se trouvaient sur le pont furent blessés.

Voyant le projet avorté, tous ceux qui savaient nager se jetèrent à la mer pour éviter les pierres qu'on ne cessait de leur lancer.

La chaloupe canonnière connut bientôt cet événement, elle sortit aussitôt et comme elle avait vent arrière, elle ne tarda pas à être arrivée à l'endroit où l'événement venait d'avoir lieu.

Aussitôt qu'elle fut en vue, les Espagnols qui la montaient firent sur les prisonniers une décharge de toute leur mousqueterie, chacun prit la fuite; ils continuèrent néanmoins à faire un feu très vif; plusieurs malheureux qui n'avaient été que simples spectateurs de cette action en furent les victimes.

Les Espagnols ne se contentèrent pas de tirer sur nous des coups de fusils, ils firent aussi jouer leurs pièces de canon, dont les boulets venaient ricocher jusque dans le milieu de nos habitations.

Ils eurent bientôt le champ libre.

Tous ceux qui se trouvaient encore dans la barque

tentèrent en se précipitant à la mer d'échapper au sort qui les menaçait mais ce fut en vain. La rage des Espagnols était portée au plus haut degré, ils les tuèrent dans l'eau.

Plusieurs soldats de la canonnière sautèrent dans la barque au pain pour voir s'il s'y trouvait encore quelqu'un, ils aperçurent un malheureux soldat que sa blessure avait empêché de se relever, ils lui donnèrent plusieurs coups de baïonnette et le jetèrent à l'eau luttant contre la mort et souffrant des tourments inouïs.

Cet infortuné chercha encore à échapper à ses cruels bourreaux, la mer partout où il passait était rougie par le sang qui sortait à gros bouillons de ses blessures.

S'apercevant des efforts qu'il faisait, craignant que cette victime ne leur échappât, les Espagnols envoyèrent près de lui une petite embarcation avec deux soldats qui l'atteignirent bientôt et l'achevèrent à coups de sabre.

On attribua à la rancune que conserva contre nous le patron de la barque aux vivres, les maux que nous eûmes à souffrir quelques jours après.

La barque qui devait revenir au bout de quatre jours ne parut point. Le lendemain se passa de même.

Nous commençâmes à éprouver quelque inquiétude. Les rochers du côté du château étaient toute la journée couverts de prisonniers qui, les regards tournés vers Palma, cherchaient à découvrir l'objet de tous leurs vœux.

La journée se termina sans qu'aucune nouvelle favorable circulât dans le camp.

La famine se faisait sentir vivement. Beaucoup d'hommes avaient, suivant leur mauvaise coutume, consommé en deux heures les vivres de quatre jours; il y en avait donc déjà cinq qu'ils n'avaient rien mangé que quelques-unes de ces mauvaises racines dont j'ai parlé plus haut, et qu'on ne rencontrait déjà plus communément. La nuit semblait à ceux qui ne pouvaient trouver le sommeil, d'une longueur insupportable. A la pointe du jour on se portait au même lieu que la veille, dans l'espérance d'apercevoir la barque tant désirée, c'était en vain. Cette journée devait se passer de la même manière que les précédentes.

Le lendemain nos économies se trouvaient épuisées, il nous fallut courir les rochers pour tâcher d'y rencontrer quelques végétaux qui pussent apaiser la faim qui nous tourmentait. Une poignée de chardons à moitié secs, un peu de trèfle fut tout ce que nous pûmes trouver. Nous fîmes bouillir le tout pendant quelques heures dans de l'eau saumâtre, et aussitôt que nous jugeâmes que ce met pouvait être cuit, nous nous disposâmes à le manger. Quel repas! grand Dieu!

Comment des nations civilisées peuvent-elles permettre que des soldats, des hommes enfin, fussent traités aussi cruellement?

L'âcreté de ces aliments était insupportable, les pointes aiguës des chardons nous ensanglantaient la bouche; il nous fallut renoncer à l'achever. Nous n'avions aucune ressource, pas même celle qui nous restait à Cadix de couper les câbles de nos pontons et de nous jeter à la côte pour nous sauver à travers champs pour rejoindre l'armée française par des chemins détournés et des marches de nuit; il nous fallait attendre patiemment le sort qui nous était réservé.

Un sergent de mes amis, celui avec qui nous avions levé le plan de Cabrera, possédait une redingote faite avec deux ou trois peaux de moutons qui avaient été envoyés précédemment pour les besoins des malades. Il venait de la faire cuire après l'avoir échaudée pour en retirer la laine; elle était réduite à fort peu de chose; je lui contai le repas que nous avions essayé de faire; il m'offrit une cuillerée de bouillon et une couple de petits morceaux de peau que j'acceptai avec reconnaissance; je les dévorai et les trouvai excellents, ainsi que le bouillon qui n'était autre chose qu'une espèce de colle-forte étendue d'eau.

La consternation était partout, elle se peignait sur tous les visages; à peine s'adressait-on la parole quand on se rencontrait errant à l'aventure, on eût dit qu'avec la fin du jour s'évanouissaient toutes nos espérances, et quand après s'être regardés tristement on se séparait, il semblait qu'on venait de s'adresser un éternel adieu.

Le jour suivant nous apprîmes que, pendant la nuit, la mort avait mis un terme aux souffrances d'un grand nombre de prisonniers.

Plusieurs s'étaient déterminés à passer la nuit sur les rochers élevés qui bordent l'île du côté de Mayorque, dans l'espérance qu'à la pointe du jour ils seraient assez heureux pour voir la barque mais la plus grande partie périt d'inanition.

La matinée se passa et nous commençâmes à désespérer.

Le capitaine de la chaloupe canonnière qui avait relevé celui qui avait fait feu sur nous, monta sur les rochers muni de ses longues-vues, mais ce fut inutilement, il ne put rien découvrir.

Cet homme qui avait de l'humanité avait pris quelques biscuits qu'il donna aux premiers qu'il trouva sur ses pas. Il était indigné qu'on traitât ainsi des soldats qui n'avaient commis d'autre crime que d'avoir obéi aux lois de leur pays. Il ordonna à ses hommes de nous vendre tout ce qu'ils avaient de vivres sans en conserver, son dessein étant, s'il n'y avait rien de nouveau, de partir le lendemain pour ne pas nous voir expirer tous sous ses yeux.

Ses ordres furent exécutés. Mais quel faible secours que les provisions d'une douzaine d'hommes pour un si grand nombre; ce fut plutôt un pillage, les plus forts purent seuls approcher. Nous fûmes assez heureux pour nous procurer un biscuit de deux ou trois onces environ. Nous en fîmes une soupe que nous mangeâmes entre cinq.

Ce repas quoique léger nous soutint un peu; cependant deux heures après je sentis la faim plus que jamais. J'emmenai Golvin sur les rochers.

Là nous aperçûmes des hommes qui mangeaient des racines d'iris. Nous nous mîmes à en chercher, et aussitôt que nous en eûmes trouvé quelques pieds, nous creusâmes avec nos ongles et des cailloux jusqu'à ce que nous ayons atteint les racines qui sont toujours garnies de six ou huit tubercules. C'était un trésor pour nous, nous les dévorâmes et trouvâmes que le goût n'en était pas désagréable; nous ne songeâmes qu'à satisfaire notre appétit sans nous inquiéter si cette racine pouvait être vénéneuse et si nous ne courions aucun danger en en faisant usage. La nuit vint, même tristesse que les jours précédents. Nous regagnâmes lentement nos habitations pour chercher dans le sommeil un adoucissement à nos maux. Quelques-uns se trouvant trop affaiblis préférèrent passer la nuit sur les rochers où ils se trouvaient plutôt que d'essayer de se traîner à leur demeure.

A la pointe du jour, c'était le huitième que nous

n'avions reçu de vivres, je me levai et dirigeai machinalement mes pas vers la mer, je m'étais abandonné aux réflexions les plus tristes.

Je m'étais assis sur une pierre et portai mes regards sur les eaux, mais c'était vainement, rien ne s'offrait à mes yeux qui, malgré moi, se mouillèrent de larmes.

J'étais dans cette situation quand j'en fus tiré par quelques voix que j'entendis près de moi. Je me levai, et après avoir fait quelques pas, je découvris une cavité. Là le plus affreux spectacle s'offrit à mes regards, deux hommes portant l'uniforme suisse étaient occupés à dépecer les membres d'un de nos malheureux camarades qui avait succombé pendant la nuit. Une cuisse fut placée sur des charbons ardents par ces hommes affamés. Je n'eus pas la force de leur adresser un seul mot ; j'étais saisi d'horreur. Cependant ce repas ne fut pas achevé ; l'un d'eux fit observer à l'autre qu'ils exposaient leur vie en voulant la conserver, puisque le cadavre était infecté de gale et qu'il était facile de s'en convaincre par la quantité et la grosseur des boutons dont il était couvert. D'un commun accord, ils retirèrent du feu ce qu'ils faisaient cuire et s'éloignèrent à peu de distance. Ils s'assirent, et quelques heures après passant au même endroit, nous vîmes étendu à terre le plus jeune de ces hommes qui venait de mourir.

Le départ de la chaloupe canonnière acheva de

jeter la consternation parmi nous. Nous pensâmes, qu'en nous abandonnant ainsi, le capitaine n'avait fait qu'obéir à des ordres qu'il avait reçus depuis longtemps et que notre perte était résolue par le gouvernement espagnol.

Déjà, les rochers avaient été parcourus par tous les prisonniers, il n'existait plus dans l'île aucune trace de végétation qui pût nous être de quelque utilité. Les rats, les souris, ne paraissaient pas dans ces temps de disette, par la raison que nous n'avions aucun appât qui pût les attirer. Toutes nos ressources étaient épuisées, chaque instant voyait terminer l'existence de quelques-uns de nos malheureux camarades, la mort planait sur notre île; de tous côtés on n'apercevait plus que des mourants et des morts. Quelques-uns essayaient encore de se traîner de rochers en rochers pour parvenir au sommet de la montagne du château, dans l'espoir que leurs regards pourraient découvrir cette barque, objet de leurs derniers désirs, mais ce fut vainement; bientôt, ces infortunés affaiblis tombaient épuisés de besoin et de fatigue; leurs mains tremblantes cherchaient inutilement à saisir autour d'eux quelques brins d'herbe ou de racines, qui pût prolonger encore leur existence, la roche aride et dépouillée de toute végétation était tout ce qu'ils rencontraient. Alors, ils éprouvaient de nouvelles faiblesses et rendaient le dernier soupir.

Tel était l'état critique dans lequel nous nous trouvions, lorsque le conseil prit la résolution de faire tuer l'âne qui, depuis notre arrivée à Cabrera, servait si utilement à l'hôpital pour le transport de l'eau.

Cet animal, que nous avions trouvé, en débarquant dans l'île, où il avait été laissé par la petite garnison espagnole que nous avions remplacée, avait reçu, des prisonniers, le nom de *Martin*.

En un instant il fut égorgé et sa chair partagée entre les prisonniers. Il en revint à peu trois onces pour quatre hommes ou trois quarts d'once par homme; ce faible secours nous fut cependant très utile; nous en fîmes du bouillon qui, malgré son peu de saveur, donna un peu de ton à notre estomac, et il n'en est pas un de nous qui aurait consenti à céder, dans ce moment, la part qu'il avait reçue pour quoi que ce soit.

La nuit arriva et chacun de nous la passa dans la plus cruelle anxiété; nous considérions le jour qui allait lui succéder comme le dernier de notre vie, s'il devait s'écouler sans que nous vissions arriver les barques chargées de vivres.

Il arriva enfin ce jour si ardemment désiré et en même temps si redouté, ce jour qui devait combler tous nos vœux ou anéantir toutes nos espérances.

Tous ceux qui avaient passé la nuit sur les rochers

ou qui purent s'y traîner cherchaient à découvrir s'ils ne verraient pas sortir quelque bâtiment de Palma, longtemps ce fut inutilement; enfin, ils crurent apercevoir quelque chose sur la surface de la mer. L'espoir sembla renaître en cette heureuse nouvelle, qui fut bientôt répandue. Chacun voulut s'assurer si réellement on voyait quelque chose. Bientôt l'incertitude cessa, la joie la plus vive anima tous nos cœurs; on ne pouvait plus avoir de doutes : poussé par un vent favorable, l'objet s'approchait de nous, et l'on avait enfin reconnu la barque désirée, accompagnée d'une chaloupe canonnière.

L'allégresse était générale, les uns s'embrassaient, les autres se félicitaient de se voir enfin échappés à une mort qu'on regardait comme certaine quelques moments auparavant.

Enfin, la barque se présenta devant la baie et y entra, aux acclamations de tous les prisonniers, rassemblés près du rivage, et je puis l'assurer, jamais transports de joie ne furent plus unanimes.

Aussitôt que les vivres furent débarqués, on s'occupa de la distribution. Je fis porter dans notre maison tout ce qui appartenait à la compagnie.

Je donnai, d'après le conseil que nous avions tenu entre sous-officiers, un quart de pain seulement à chaque soldat pour qu'il en fît de la soupe, en leur promettant de leur en donner un autre quart au bout d'une heure pour être employé de la même manière.

Nous fîmes de même pour nous, nos corps affaiblis n'auraient pu supporter le poids d'une autre nourriture.

Tous les soldats n'étaient pas également satisfaits de ces sages mesures, cependant, plus tard, ils nous en surent gré.

L'exemple qu'ils eurent sous les yeux les convainquit que la précaution que nous avions prise, ne nous avait été suggérée que par l'intérêt que nous prenions à leur conservation.

Dans plusieurs corps, les sous-officiers ayant, par indifférence, distribué tout de suite ce qui revenait à chacun de leurs soldats, ces malheureux n'eurent point assez d'empire sur eux-mêmes pour user modérément d'une nourriture qui leur manquait depuis si longtemps. Ils mangèrent avec avidité le pain qu'ils venaient de recevoir et payèrent de leur vie leur imprudence et la coupable insouciance de leurs chefs.

Ainsi l'arrivée des subsistances coûta pour ainsi dire autant d'hommes que la cruelle disette que nous venions d'éprouver. On évalua la perte des quatre derniers jours de huit à neuf cents hommes, et, selon moi, elle est loin d'être exagérée.

Depuis cette époque les vivres nous arrivèrent avec plus de régularité.

Les Anglais vinrent nous visiter quelque temps après. M. Duval, capitaine de frégate, avait été amené dans l'île, il y avait quelques jours, c'est chez lui que le capitaine du brick anglais descendit.

Cet officier supérieur mit sous les yeux du capitaine anglais la situation malheureuse des prisonniers, il le conduisit dans les différentes parties de l'île pour lui faire connaître l'étendue de nos misères; tout l'état-major du bâtiment anglais suivait son capitaine. En entrant dans une grotte où une trentaine d'hommes entièrement nus étaient réunis autour d'un feu, ils furent saisis d'horreur et sortirent promptement, pour ne pas avoir sous les yeux un tel spectacle.

De retour au camp, ils prirent congé du capitaine de frégate français, se rembarquèrent et ne tardèrent pas à mettre à la voile.

Peu de jours après, le même brick rentra dans la baie ; les officiers descendirent à terre et firent transporter dans l'habitation du commandant de l'île plusieurs ballots, contenant des chemises bleues, des pantalons de toile et des espèces de chemises en tricot de laine, que les marins mettent ordinairement par-dessus celle de toile.

C'était le produit d'une collecte faite par les marins de la flotte anglaise qui croisait devant Toulon.

Le commandant français remercia les Anglais au nom de tous les prisonniers et le lendemain on fit le partage.

14.

Les objets apportés étaient en trop petite quantité pour être suffisants : une seule pièce tombait à dix à douze hommes, alors c'était le sort qui en décidait ; mais la majeure partie de ceux à qui le lot tombait en partage ne désiraient pas le conserver.

Habitués à leur nudité ils préféraient du pain ou quelques autres aliments, à la propriété d'une chemise ou d'un autre effet ; aussi tous ces objets changèrent-ils bientôt de mains.

J'achetai une chemise au moyen de quelques rations de pain.

Quantité de sous-officiers s'imposèrent quelques privations pour le même motif, en sorte, qu'une grande partie de ces effets finit par être la propriété des chefs.

Dès que le calme fut entièrement rétabli, nous donnâmes une représentation à laquelle nous invitâmes les officiers nouvellement débarqués dans l'île ; nous sûmes bientôt que parmi eux il se trouvait quelques amateurs qui, à Mahon, avaient aussi formé un théâtre.

Le soir même ils nous demandèrent la permission de nous donner à leur tour une représentation en nous priant d'y assister. Leur orchestre était nombreux et bien composé ce qui leur donnait beaucoup d'avantage sur nous ; quant au talent des acteurs, il pouvait y avoir compensation dans l'ensemble des deux sociétés qui d'après les sollicitations qui nous furent faites n'en formèrent bientôt plus qu'une.

Dès ce moment on s'occupa à monter quelques grands ouvrages.

M. Barizel, sous-chef de musique de la garde de Paris, élève lauréat du Conservatoire, actuellement premier basson à l'Académie de musique, proposa de monter l'opéra du *Déserteur* dont il avait la partition. M. Resey, aide de camp du général Privé, excellent virtuose, devait remplir le rôle d'Alexis, tous les autres personnages de la pièce se trouvaient aussi très bien remplis, les chœurs furent ce qui présenta le plus de difficultés à composer. Cependant le zèle vraiment infatigable du chef d'orchestre surmonta tous les obstacles et la pièce fut représentée.

C'est alors que l'on se croyait réellement transporté dans sa patrie. Les efforts que chacun avait faits avaient été couronnés du plus heureux succès, l'illusion fut complète pour les spectateurs.

Molière, Regnard, Beaumarchais charmèrent aussi successivement les ennuis de notre solitude.

Les officiers du brick anglais assistèrent une fois à notre spectacle. Ils ne se lassaient d'admirer. « Les Français sont les seuls, disaient-ils, qui puissent ainsi se créer des plaisirs dans un aussi affreux séjour, tout autre peuple qu'eux y périrait d'ennui au sein même de l'abondance. »

Le 12 mars, on aperçut du côté de Mayorque un

grand nombre de barques qui se dirigeaient sur Cabrera. Aussitôt on fit des conjectures, on ne formait pas de doutes qu'elles ne fussent destinées à nous enlever de l'île pour nous transporter en France.

Elles entrèrent le soir dans la baie.

Les prisonniers s'approchaient déjà du rivage pour satisfaire leur curiosité lorsqu'on les menaça de faire feu sur eux s'ils ne se retiraient à l'instant.

Chacun reprit le chemin de sa maison et le lendemain de bonne heure, nous vîmes débarquer nos officiers qui nous apprirent que la populace de Palma s'était portée en masse et en armes au bâtiment qu'ils occupaient, que beaucoup d'entre eux avait péri victime de la révolte, et que, sans le courage et la générosité du gouverneur de la ville, ils auraient tous succombé sous le nombre des assaillants, que profitant du moment d'étonnement imprimé à la populace par l'action du gouverneur qui s'était présenté à l'embouchure d'une pièce de canon à l'instant où on allait y mettre le feu pour les exterminer, ils s'étaient précipités du côté du port et s'étaient jetés les uns dans les barques, les autres à la mer pour échapper au sort qui les menaçait, et que tel était le motif de leur retour auprès de nous.

Nous offrîmes à notre capitaine d'occuper dans notre maison la place qui était toujours demeurée vacante pour les motifs connus ci-dessus, il accepta la proposition avec plaisir. Il nous considérait comme ses enfants ; il n'avait point changé de sentiments, car il s'était toujours montré le père de ses soldats.

Aussi depuis ce moment nous vécûmes pour ainsi dire en famille.

Plusieurs mois se passèrent de cette manière, sans qu'il arrivât rien de bien intéressant, si ce n'est la saisie que firent les Espagnols d'une barque capable de contenir une trentaine d'hommes que des officiers avaient construite et qu'ils étaient sur le point de lancer à la mer. Les Espagnols pensaient que les Anglais avaient coopéré à cette œuvre qui tendait à rendre à leur patrie quelques infortunés prisonniers.

Les ordres les plus sévères furent publiés pour que tous les outils confectionnés dans l'île ou qu'on avait pu y introduire fussent sur-le-champ remis à l'autorité ; la menace ordinaire était ajoutée, c'est-à-dire que si dans deux heures on n'avait point obéi, le camp allait être mitraillé.

Le 24 juillet nous apprîmes qu'on préparait à Palencia un grand nombre de barques qui devaient servir à nous transporter de Cabrera à Cadix où, disait-on, nous allions être échangés.

Le 26 au soir un grand nombre de barques se fit apercevoir. En peu d'heures elles furent entrées dans la baie de Cabrera.

Le plaisir que nous éprouvions ne saurait s'exprimer. La nuit se passa sans songer au sommeil.

Le lendemain 27, on dressa le tableau de ceux qui devaient faire partie de ce convoi. Nous sûmes bientôt que les officiers et les sous-officiers seulement allaient s'embarquer le jour même. Les caporaux et les soldats devaient rester à Cabrera jusqu'à nouvel ordre. Il fallut se préparer promptement. Je dus me résoudre à voir demeurer dans cette île mon ami Golvin qui m'avait rendu tant de services, je lui laissai tous mes droits sur notre maison qui allait devenir le logement des caporaux de la compagnie, et bientôt, accompagné de ce digne camarade, je me rendis sur le port où je ne tardai pas à m'embarquer. Nous nous embrassâmes en nous promettant réciproquement que le premier qui en aurait l'occasion donnerait des nouvelles de l'autre à sa famille.

Le 28 juillet, à la pointe du jour, nous mîmes à la voile. Notre escorte était moitié anglaise et moitié espagnole. Nous eûmes bientôt perdu de vue cette île où nous avions tant souffert et où nous laissions encore un si grand nombre de malheureux.

La mer était houleuse et nos bâtiments fort légers. Celui sur lequel j'étais ne contenait pas plus de quarante hommes, aussi étions-nous secoués violemment dans tous les sens.

Ainsi que les autres, je fus incommodé les deux premiers jours mais bientôt après je me sentis parfaitement disposé.

Notre traversée fut heureuse, nous formions les plus beaux projets qu'on puisse imaginer, chacun suivant ses désirs.

On nous entretenait toujours dans l'idée que nous allions à Cadix pour y être rendus.

Nous arrivâmes le 10 août 1810 à Gibraltar. J'étais curieux de voir cette forteresse si célèbre ; nous jetâmes l'ancre dans le fond de la baie près Saint-Roch.

A la pointe du jour nous montâmes sur le pont, nous aperçûmes sur le bord de la mer des cavaliers, nous vîmes bientôt que c'était des Français, car ils échangèrent quelques coups de pistolet avec les vedettes espagnoles.

Dans l'après-midi, on nous annonça que nous allions quitter les barques espagnoles pour passer à bord des bâtiments anglais.

Nous comprîmes clairement que nous avions changé de maîtres sans changer de fortune, et que par une perfidie inouïe, nous étions devenus prisonniers de l'Angleterre, au mépris d'une capitulation signée entre les généraux français et espagnols et dans laquelle les Anglais n'avaient eu aucune part, puisque nous n'avions jamais vu sur les champs de bataille un soldat de cette nation:

Sur les six heures du soir, nous vîmes des embarcations se diriger de notre côté, bientôt elles furent près de nous, nous y entrâmes et nous nous éloignâmes bientôt des bâtiments qui nous avaient amenés.

Jusqu'au dernier moment, la haine des Espagnols nous poursuivit.

Sans égard pour ceux des Anglais qui étaient dans les embarcations, ils tirèrent sur nous plusieurs coups de fusil dont heureusement personne ne fut atteint.

Arrivés sous les bâtiments anglais nous remarquâmes avec un plaisir extrême un contraste frappant. Aux traitements cruels des féroces Espagnols succédaient tout à coup les soins compatissants des soldats et matelots anglais; ces braves gens nous témoignaient toutes sortes d'égards. Ils transportèrent à bras plusieurs de nos camarades malades ou amputés. Les effets qui nous appartenaient furent aussi montés par leurs soins sans qu'ils nous laissassent prendre la peine de rien.

La *Britannia*, c'était le nom du bâtiment sur lequel je venais d'arriver, était un fort beau trois mâts préparé pour recevoir des troupes de transport.

La plus grande propreté régnait partout, nous y étions placés commodément enfin je m'applaudissais de ce nouveau changement de situation.

Puisqu'il fallait encore renoncer à la liberté, je me

trouvais heureux de ne plus être au pouvoir des Espagnols chez lesquels notre existence ne pouvait jamais être en sûreté.

Une nourriture plus saine et plus abondante remplaça la faible ration de morue sèche et de biscuit que nous donnait les Espagnols et d'une partie de laquelle nous étions souvent frustrés. Les officiers seulement se trouvèrent moins bien, sans doute parce que leur traitement étant le même que le nôtre, leur amour-propre se trouvait blessé de cette espèce d'égalité.

Nous nous trouvions par la position de nos bâtiments assez rapprochés de la ville, et sa position en amphithéâtre sur le flanc de la montagne, nous permettait de voir distinctement défiler et manœuvrer les troupes sur la place d'armes.

Je n'entreprendrai point de faire la description de cette forteresse, la clef de la Méditerranée et qui tomba au pouvoir des Anglais par une ruse de guerre sans que les Espagnols aient jamais trouvé l'occasion de la ressaisir.

Les nombreuses embrasures pratiquées dans l'intérieur du rocher présentent le soir l'aspect d'une illumination. C'est alors qu'on peut juger par la quantité de ces batteries qui ne peuvent être aperçues de jour, de la difficulté, pour ne point dire de l'impossibilité, qu'il y aurait de s'emparer de cette place par un assaut. Je m'amusai à dessiner la vue de cette montagne pendant le peu de jours que nous l'eûmes en vue. —

Le 21 août, nous mîmes à la voile; on essaya encore de nous bercer des espérances d'un échange très prochain, dont nous ne fûmes point dupes cette fois; nous savions quel degré de confiance nous devions accorder aux promesses britanniques.

Notre traversée fut heureuse quoique nous ayons eu constamment le vent contraire, et que nous fussions près du temps des équinoxes. Nous fûmes forcés en sortant du détroit de courir à l'ouest jusqu'à la hauteur des Açores, afin de prendre une bordée qui nous ramena jusqu'auprès des côtes espagnoles.

C'est à l'aide de semblables manœuvres que nous fîmes toute la route.

Les vivres qu'on nous donnait à bord étaient d'excellente qualité, nous recevions, pour six, par jour ce que les matelots anglais recevaient pour quatre, mais cette quantité était suffisante pour nous qui n'étions pas assujettis comme ces marins à un travail pénible. Nous avions pour boisson une bouteille de tafia (rhum) aussi à raison de six hommes, de la viande de bœuf salé ou du lard cinq fois par semaine, des légumes les deux autres jours, afin de corriger l'âcreté de la salaison. On nous faisait de la bouillie d'avoine pour laquelle on nous donnait de la cassonade en quantité suffisante; souvent même nous n'employons point tout ce que nous avions reçu. Nous avions aussi le *pudding* que nous faisions nous-mêmes, on nous donnait à cet effet de la farine de la plus belle qualité et du raisin sec, alors chacun l'employait comme il l'entendait

C'est ainsi que nous vécûmes pendant cette traversée.

Le 20 septembre, après avoir essuyé un peu de gros temps et de forts brouillards dans la Manche, nous entrâmes dans le port de Plymouth.

Depuis longtemps rien d'aussi agréable ne s'était offert à ma vue. J'admirai avec un plaisir inexprimable la variété des sites. Ce n'était plus ces rochers rembrunis qui bordent l'Espagne dans la Méditerranée que j'avais sous les yeux, c'était la nature parée de tous ses charmes. Il y avait longtemps que je n'avais joui d'un spectacle aussi agréable. La côte était couverte de verdure, çà et là des bouquets d'arbres servaient d'ombrage à de jolies maisons de campagne. Je regrettais que la rapidité de la marche de notre bâtiment ne me permit pas de jouir plus longtemps de cette vue délicieuse. Quand nous fûmes dans la rade, nous jetâmes l'ancre. Aussitôt des personnes de la ville s'avancèrent dans des embarcations élégantes pour satisfaire leur curiosité, mais on leur fit signe de s'éloigner parce que les officiers de santé ne nous avaient point encore visités.

Le lendemain, ces messieurs vinrent et quand ils eurent déclaré que nous étions dans un bon état sanitaire, une grande quantité d'embarcations s'approchèrent, des marchandises de toutes espèces nous furent offertes.

J'avais peine à en croire mes yeux, je voyais des marchandes de poissons en robes de velours noir, en chapeaux garnis de fleurs et de plumes nous présenter leurs marchandises. Je ne pouvais croire que le luxe fût porté à un tel degré en Angleterre mais bientôt je pus m'en convaincre par d'autres exemples.

Nous restâmes à Plymouth jusqu'au 25, jour où nous partîmes pour aller à Portsmouth ; nous passâmes entre l'Angleterre et l'île de Wight. Cette île est remplie de châteaux et de maisons de plaisance, appartenant aux grands seigneurs.

Je remarquai que, depuis notre entrée dans la Manche, on prenait plus de précautions avec nous, sans doute parce qu'on craignait que, nous sachant si près des côtes de France, il ne nous vînt envie de nous révolter et d'enlever le bâtiment. Pendant les brouillards surtout, on eut toujours soin de nous tenir à fond de cale.

Le 26, nous mouillâmes à Spithead où nous devions faire quarantaine, mais le lendemain on nous fit entrer dans le port de Portsmouth.

On nous fit voir de loin les pontons, je ne pus m'empêcher de frémir à cette vue. Le souvenir de ceux de Cadix et des souffrances que nous avions éprouvées à bord du *Vencedor* venaient se retracer à mon imagination sous les couleurs les plus sinistres, et l'on peut aisément se figurer la joie que je ressentis quand on nous apprit que nous devions débarquer le lendemain, pour être renfermés dans une prison de terre.

En effet le 28 septembre 1810, deux mois jour pour jour après notre départ de Cabrera, nous débarquâmes sous les murs du château de Portchester. Nous ne fîmes pas plus de quinze à vingt pas pour arriver à la porte où nous entrâmes, c'était notre prison. Nous défilâmes entre deux palissades qui servaient de barrière à deux grandes cours dont l'une était vide et où l'on nous fit entrer; nous nous reposâmes quelque temps en attendant que l'agent commandant de la prison fut arrivé à son bureau.

Dans la cour qui était de l'autre côté, nous vîmes, à travers de la palissade, un grand nombre d'hommes en habits jaunes. C'était la première fois que je voyais de semblables vêtements. Je ne pus m'empêcher de rire du costume que donnaient les Anglais à leurs prisonniers.

L'agent arriva, il nous fit passer tous devant lui l'un après l'autre, un secrétaire nous inscrivait sur le registre matricule de la prison, je le fus sous le n° 5765; on nous remit une carte imprimée qui devait nous tenir lieu du livret qu'on donne aux soldats, elle devait servir à inscrire les effets d'habillement et de couchage qui nous seraient attribués. Nous passâmes aux magasins où nous reçûmes chacun une veste à manches, un gilet et un pantalon de drap jaune, une chemise en toile de coton rayé bleu et blanc; un hamac en toile, un matelas de bourre pesant deux livres environ, une couverture de laine et des morceaux de câble goudronné de la longueur du bras.

Je voyais bien l'utilité des objets que j'avais reçus, mais je ne savais trop ce que je devais faire du morceau de câble.

Aussitôt qu'on nous eut expédiés aux magasins, on nous fit entrer dans la cour qu'on nommait le grand pré où se trouvaient les prisonniers.

Nous fûmes bientôt entourés; nous croyant de nouveaux prisonniers on nous faisait mille questions : D'où venez-vous? Où avez-vous été pris? Depuis quelle époque? Quel est votre régiment?

Quand nous eûmes satisfait à la curiosité de nos interlocuteurs, nous allâmes chercher des places pour nous loger, nous tâchâmes, avec les sous-officiers de la compagnie, de ne point nous séparer. Ce fut dans la grande tour du château que nous portâmes nos pas; nous ne trouvâmes de place qu'au deuxième étage; nous nous occupâmes de nous y installer. Plusieurs prisonniers se proposèrent pour nous aider à tendre nos hamacs, j'acceptai avec plaisir une offre aussi obligeante. On me demanda mon morceau de câble que l'on convertit bientôt en petites cordes; peu de temps après mon hamac fut suspendu.

Il y en avait quatre rangées les unes au-dessous des autres, et c'était précisément tout en haut que nous étions placés.

Je ne trouvai pas fort commode de grimper après des charpentes pour aller gagner mon lit, cependant il fallut m'y habituer. Plusieurs nouveaux arrivés en se couchant, tombèrent dans le lit de leurs voisins de l'étage inférieur, car beaucoup d'entre nous n'avaient point encore fait usage de hamacs.

Le lendemain je descendis de bonne heure dans les cours, grâce aux soins des soldats anglais qui vinrent nous éveiller pour nous compter, opération que les geôliers ne manquent pas de faire chaque matin. Je reconnus parmi les prisonniers des sous-officiers de notre régiment que je n'avais pas vus depuis près de deux ans. Ils me firent connaître les différentes localités de la partie du château destinée aux prisonniers.

Le château de Portchester est situé au bord de la mer, au fond de la baie de Portsmouth. La mer en baigne les murailles du côté du nord-est. Nous n'avons jamais pu connaître son origine; le plan déposé chez le commandant de la prison n'en fait aucune mention, mais, à juger par les restes, elle doit remonter à des temps très reculés. J'ai toujours pensé que ce devait être un ouvrage des Romains. La solidité, le genre de sa construction tout paraît devoir confirmer mes doutes à cet égard. Il est de forme carrée, les murailles hautes de quarante pieds environ n'en ont pas plus de quinze à dix-huit d'épaisseur et dix de fondations. Il a deux tours carrées, une grande et une petite. La grande tour coupée en deux parties du haut en bas a six étages, chaque étage garni de charpentes peut recevoir quatre rangées de hamacs dans la hauteur de chaque côté des salles elle sert de logement à 12 ou 1300 prisonniers; la petite ne sert que de corps de garde ; elle est surmontée d'un mât de pavillon pour les signaux.

Près de la grande tour existent les ruines d'une chapelle gothique, la voûte en est entièrement détruite. Les seuls vestiges qui existent encore consistent en quelques pans de murailles dans lesquelles on voit quelques fenêtres en ogive entièrement dégarnies de leurs châsses et vitraux.

La grande cour qui sert de promenade aux prisonniers et qu'ils nomment pré, contient neuf maisons en bois. Trois cents prisonniers environ logent dans chacune de ces maisons qu'ils appellent cases, qui, de même que la grande tour, sont disposées pour recevoir des hamacs. Plusieurs pompes avec chacune un bassin, sont placées dans le grand pré et une dans la petite cour nommée cour du château.

Elles servent aux prisonniers pour y laver leur linge. L'eau qui coule pas ces pompes est la seule boisson des prisonniers.

A l'exception d'une ou deux de ces pompes qui se trouvent plus rapprochées de la mer, on peut dire que l'eau en est bonne et saine. Je fus plusieurs jours sans pouvoir m'habituer à voir d'un œil indifférent perdre une aussi grande quantité d'eau. J'aurais désiré que nos malheureux camarades que nous avions laissés à Cabrera eussent eu à leur disposition ce que nous avions de superflu dans ce moment.

L'église et le cimetière des Anglais, l'hôpital, les deux prisons sont aussi renfermés dans la même enceinte.

Afin de donner une idée plus exacte du château de Portchester, j'en ai placé ici le plan dessiné d'après celui qui est entre les mains du commandant, avec l'index des différentes localités.

L'administration de la prison est confiée à un capitaine de la maison royale. Ce fonctionnaire, auquel on donne le titre d'agent, reçoit ses instructions du transport office (ministère de la marine). Le chirurgien-major, les officiers de santé, l'économe, sont sous sa surveillance.

La propreté est entretenue dans toutes les salles par des prisonniers qui reçoivent du gouvernement une solde de trois pennys par jour (trente centimes de notre monnaie).

Il y a par salle deux perruquiers qui reçoivent le même traitement ; ils sont obligés de raser les prisonniers toutes les semaines. La cuisine est faite dans un bâtiment séparé, sept chaudrons suffisent pour faire la soupe de sept mille hommes. Vingt Français sont chargés de ce soin. Le maître coq ou pour mieux dire le chef, reçoit un schelling par jour, son second un demi-schelling et les autres trois pennys.

Outre ces employés, l'agent en occupe encore une douzaine pour travailler comme terrassiers.

L'hôpital emploie aussi un bon nombre de prisonniers en qualité de cuisiniers d'infirmerie et de perruquiers. Malgré la modicité des appointements, toutes ces places sont recherchées et ne s'obtiennent que par faveur.

J'appris avec un plaisir inexprimable que les prisonniers avaient la liberté de correspondre avec leurs familles et que même ils pouvaient en recevoir de l'argent. J'écrivis aussitôt et quelque temps après je reçus une lettre de ma mère.

Les prisonniers ont, en Angleterre, l'avantage de recevoir leurs vivres régulièrement ; malheureusement, comme je l'ai dit ci-dessus, la ration est rarement suffisante.

Les officiers sont envoyés sur parole dans les différentes villas et reçoivent pour tout traitement deux schellings par jour, sur lesquels ils doivent se loger, se nourrir et s'entretenir.

Tous les matins, dans l'été à cinq heures et dans l'hiver à six heures et demie, les geôliers accompagnés de soldats font sortir les prisonniers pour les compter. Ces derniers ne sont libres de rentrer dans leurs salles que deux heures après, temps nécessaire pour en renouveler l'air et les nettoyer. A huit heures la distribution du pain commence et bien qu'il y eut sept mille hommes dans la prison, dans l'espace d'une demi-heure au plus elle était totalement achevée ; et cependant tout le pain est pesé par lots de douze rations à raison de 24 onces par ration, devant une commission de six hommes renouvelés chaque jour.

IX

LE THÉATRE. — L'ORDRE DU LION. — PROJETS DE SOU-
LÈVEMENT. — LIBERTÉ. — ARRIVÉE SUR LA TERRE
FRANÇAISE.

Dans les premiers jours de notre arrivée à Portchester, j'appris que les prisonniers avaient établi un théâtre; mon goût décidé pour ce genre d'amusement, me fit désirer de faire connaissance avec quelques-uns des acteurs. L'occasion se présenta bientôt; les comédiens du nouveau théâtre manquaient de sujets pour les rôles de femmes; le bruit que plusieurs d'entre les nouveaux venus avaient joué la comédie, leur étant parvenu, ils députèrent deux d'entre eux dont le caractère était insinuant. Un jour que je me promenais avec un maréchal des logis des dragons, celui qui remplissait à Cabrera les premiers rôles de femmes, jeunes premières et grandes coquettes, nous fûmes abordés par ces ambassadeurs. La conversation fut pendant quelques instants assez insignifiante, mais dès qu'on eut entamé le chapitre du théâtre, elle devint très animée; on nous offrit de nous faire voir le théâtre, des propositions s'en suivirent et quelques jours après les affiches annoncèrent les débuts du maréchal des logis dans la *Femme à deux maris*, par le rôle de la comtesse de Fersen. Le débutant ou la débutante obtint un succès complet et mérité. Aussi reçut-elle les compliments d'usage avec la modestie accoutumée. La jeune première même, que ces débuts venaient de faire descendre aux emplois de confidente, lui prodigua les éloges les plus délicats, avec cette sincérité qui n'appartient qu'aux comédiennes. J'avais eu un billet pour la représentation et je fus réellement satisfait de l'ensemble et du jeu de chaque acteur en particulier.

Je ne tardai pas à être introduit au théâtre où je fis quelques fleurs artificielles, ce genre de talent pouvait être très utile. On m'offrit bientôt d'y prendre un logement, j'acceptai volontiers cette proposition, et peu de jours après je fus installé.

Le théâtre occupait tout le rez-de-chaussée de la grande tour qui, de même que les étages supérieurs, était divisé en deux parties, celle du fond servant de foyer et de logement aux personnes attachées au théâtre, la pièce d'entrée servant de salle de spectacle. M. William Paterson, alors agent de la prison, actuellement amiral, avait mis ces deux salles à la disposition de la Société dramatique et avait en outre fourni une très grande quantité de bois pour servir à la construction du théâtre. M. Carré, actuellement machiniste en chef du théâtre Feydeau, qui avait été pris ainsi que moi à Baylen, dans l'un des régiments de la garde de Paris où il servait, avait été chargé de l'établir. Ses soins, son talent et son activité furent couronnés du plus heureux succès. C'est à lui que le théâtre de Portchester dut par la suite, la plus grande partie de sa célébrité. Il avait pratiqué un rang de loges de manière que la salle pouvait tenir 250 à 300 personnes. Le théâtre fut machiné par lui, de manière à pouvoir exécuter les changements les plus difficiles. Peintre décorateur autant qu'habile machiniste, cet artiste auquel le théâtre Feydeau doit *Le Petit Chaperon rouge* et *La Clochette*, ont par la magie de son talent, transformé en un palais de féerie, le séjour le plus affreux de la prison, puisqu'il est vrai que longtemps, l'agent s'était refusé d'y laisser loger des prisonniers, attendu que tous ceux qu'on avait mis dans ces deux salles pendant la guerre précédente y avaient contracté des maladies qui leur avaient causé la mort.

L'affluence des Anglais était considérable, et l'administration ne négligeait rien pour donner aux représentations tout l'éclat dont les pièces étaient susceptibles. Désirant faire briller son talent aux yeux des Anglais, M. Carré le machiniste, composa une pantomime féerie dialoguée; il choisit un sujet arabe afin que les costumes et le décor piquassent davantage la curiosité; en effet plusieurs changements de décoration à vue, trois ou quatre transformations et un songe placé au second acte, produisirent tout l'effet qu'il s'en était promis; les plus vifs applaudissements lui prouvèrent la satisfaction des spectateurs en général. La réputation du théâtre de Portchester ne tarda pas à lui devenir funeste. Un major anglais qui prenait, à la prospérité de cet établissement, le plus vif intérêt, avait imaginé de faire donner pour son régiment des représentations de la nouvelle pantomime, il y faisait aller le quart des soldats de son régiment à la fois. Chaque homme payait un schelling d'entrée (24 sous), ce qui ne laissait pas de faire monter les recettes; non content de cela, il fit insérer dans les papiers anglais un article, dans lequel, après avoir donné les plus grands éloges au spectacle de Portchester, il engageait M. le directeur du grand théâtre de Portsmouth à venir auprès des prisonniers français apprendre à diriger un théâtre. Ce directeur, piqué au vif, vint avec une nombreuse société visiter notre théâtre, il fut surpris de tout ce qu'il vit; après nous avoir fait beaucoup de compliments, il se retira. Peu de temps après cette époque, des ordres supérieurs firent fermer notre théâtre; nous vîmes bien alors d'où le coup était parti, mais il fallut se soumettre à cet événement. L'agent promit d'employer les moyens qui seraient en son pouvoir pour faire changer cet ordre, mais il ne nous dissimula point que ce ne pouvait être qu'avec le temps.

L'agent de la prison obtint que le théâtre serait rouvert, mais sous la condition qu'aucun Anglais ne pourrait y venir. Malgré cette clause, qui nuisait beaucoup aux intérêts de la troupe, on fut très satisfait de la faveur qui venait d'être accordée. On profita de quelques jours nécessaires aux répétitions et à l'étude des rôles pour faire à la salle des embellissements ; les loges furent décorées dans un nouveau goût ; le rideau d'avant-scène fut repeint. M. Carré, chargé de ce soin, choisit pour sujet une vue de Paris, vue prise d'une des maisons du coin de la place Dauphine sur le Pont-Neuf ; un côté du trottoir de ce pont au milieu duquel on remarquait le café Paris, bâti sur le terre-plein de la pointe de l'île, formait le premier plan ; le pont des Arts, le pont Royal, celui de la Concorde et la barrière des Bons-hommes se voyaient dans la perspective ; à droite et à gauche figuraient la superbe colonnade du Louvre, le palais et la terrasse des Tuileries sur lequel flottait le pavillon national, l'Hôtel des Monnaies, les Quatre-Nations, les théatins et les principaux hôtels du quai Voltaire. On peut juger d'après ce détail de l'impression que dut produire à la réouverture, sur un public composé de Français dont beaucoup de Parisiens, la vue d'un tableau qui leur rappelait les plus doux souvenirs, il fut salué par de nombreux applaudissements, qui rejaillirent sur l'artiste qui leur avait, par son talent, procuré une aussi agréable surprise.

Un des acteurs qui pendant le temps de la suspension avait obtenu un emploi dans la prison, ne pouvant, lors de la réouverture, continuer à jouer ses rôles, on fit part de ce fait à la Société qui m'offrit d'en prendre plusieurs ; j'acceptai, et le jour de la réouverture je débutai par celui d'un interlocuteur placé dans le parterre, dans un prologue composé à cet effet dans le genre de la *Pièce qui n'en est pas une;* l'emploi que je tins ensuite fut celui des jeunes premiers dans le mélodrame et le vaudeville ; je les jouais avec le jeune premier en titre.

On rédigea de mémoire, quantités de mélodrames et de vaudevilles, des tragédies, des comédies, de grands opéras-comiques même. M. Lesage, du théâtre Feydeau, avec lequel M. Carré, le machiniste, était en correspondance, nous faisait parvenir les ouvrages les plus nouveaux et les plus en vogue ; on mettait à les monter le plus grand soin, aussi je puis assurer, sans crainte d'être démenti, que pour les costumes il n'était guère possible de faire plus brillant. Il suffit, pour se faire une idée des efforts que l'on fit, de dire que l'on joua : *Le Petit Poucet* et *Le Diable ou la Bohémienne*, deux mélodrames féeries à grand spectacle, sans rien en supprimer, pas même les changements de costumes à vue. Parmi les personnes qui contribuèrent au succès du théâtre, je ne dois point oublier MM. Corret et Gourdet, musiciens, dont les talents furent précieux à la Société théâtrale. Le premier était élève du Conservatoire, c'est lui qui dirigeait l'orchestre ; il composa la musique d'une grande partie des mélodrames et mérita les suffrages du public, autant par le charme des morceaux de sa composition que par le plaisir qu'on éprouvait à entendre les solos de cor qu'il exécutait avec une rare perfection. Le second, premier violon au théâtre, composa une nouvelle musique pour les opéras : *Les deux journées*, de *Françoise de Foix* et de *Pierre le Grand* dont nous n'avions pu nous procurer les partitions vu le prix trop élevé de ces sortes d'ouvrages.

Bien que le théâtre fût pour nous une grande occupation, chacun de nous, comme je l'ai dit plus haut s'était créé des professions. Je faisais des fleurs artificielles, et l'idée me vint de tâcher de les imiter en peinture, j'essayai et réussis passablement. Charmé de mes succès dans ce genre de travail, je continuai et bientôt je me fis une réputation. Je fus connu comme le premier peintre de fleurs de la prison. Je ne tardai pas à avoir un écolier, auquel je donnai leçon, moyennant la somme de 1 fr. 50 par mois. Qu'on ne s'étonne point de la modicité de cet émolument, c'était le prix d'usage pour toutes sortes de sciences : l'écriture, la grammaire et les mathématiques même s'enseignaient au même prix, et plusieurs individus entrés en prison sans aucune espèce d'instruction, en sortirent capables d'occuper des emplois distingués.

Une société connue depuis des siècles sous le nom de Francs-Maçons, s'établit dans la prison. Le commandant avait permis aux membres de cette association de se réunir pour célébrer leurs mystères dans un lieu voûté et parfaitement clos. On ne tarda pas à voir les personnes les plus marquantes et les plus recommandables se faire initier. Beaucoup méritèrent sans doute d'être agrégés à cet ordre respectable, mais cependant on pourrait taxer d'un peu de légèreté les opérations qui furent faites par cette loge pour le choix de quelques prosélytes.

Je désirais ardemment faire partie de cette société dont je me faisais la plus haute idée, car je n'en jugeais que parce que j'avais sous les yeux ; mais le peu de ressources que j'avais m'empêcha de faire alors aucune démarche. Je remis donc à un temps plus opportun.

Le 28 juillet, anniversaire qui m'était cher, car c'était la date du jour où j'avais quitté l'île de Cabrera, on afficha dans la prison que tous les militaires faisant partie de la capitulation de Baylen, devaient remettre leur carte au bureau de l'agent. Cette formalité avait été exigée quelques mois auparavant des militaires de la capitulation faite au Cap, par le général Rochambeau, lesquels avaient été renvoyés en France en exécution de la convention conclue par les généraux anglais et français au nom de leurs gouvernements respectifs.

On se figurera je pense, la joie que nous fit ressentir une semblable nouvelle ; déjà nous pensions voir la France et nous jouissions par anticipation du plaisir que nous aurions à presser dans nos bras les objets les plus chers à nos cœurs. Tous ceux qui n'étaient point de notre corps d'armée enviaient notre sort. Quelques-uns même payèrent jusqu'à deux cents francs une carte d'un des capitulés de Baylen. Nous demeurâmes une quinzaine de jours dans cette alternative, mais après cette époque on nous remit nos cartes, et tout espoir de revoir la France avant la paix fut perdu pour nous.

Vers la fin de l'année 1811 nous vîmes amener dans la prison un grand nombre d'officiers de marine et d'aspirants. Nous apprîmes d'eux que sans aucuns motifs, les Anglais les avaient fait sortir de leurs cantonnements pour les conduire à Portchester. Je trouvai étrange une semblable mesure et je pensai qu'il y avait sans doute une cause qu'on voulait tenir secrète pour en agir ainsi avec des officiers. Ces messieurs assistèrent à nos représentations et nous témoignèrent leur surprise et leur admiration de trouver dans une prison un théâtre aussi brillant que le nôtre. Nous sûmes que plusieurs d'entre eux avaient aussi joué la comédie à Odiham, ville d'Angleterre d'où ils sortaient. Parmi eux se trouvait le fils de M. Devigny, acteur du Théâtre-Français.

Quelque temps après l'arrivée de ces messieurs, on avait amené aussi deux officiers supérieurs français. De même que les aspirants de marine, ils sortaient des cantonnements. L'un était M. le chevalier de Pavetti[1], colonel de gendarmerie, grand prévôt de l'armée d'Espagne, et l'autre M. de Vaxoncourt, chef de bataillon, ancien aide de camp de l'ex-général Moreau, qui fut tué dans les rangs ennemis en 1814. Ils demeurèrent trois mois parmi nous, et venaient régulièrement à nos représentations. Sachant que je dessinais, M. de Pavetti me chargea d'un petit travail qui consistait à lui dessiner plusieurs trophées, composés d'attributs de francs-maçons et de chevalier de l'ordre du L = dont il était commandeur. Cette association fondée en Angleterre avait reçu l'approbation de l'Empereur. Ses membres se réunissaient secrètement, sous le prétexte de tenir loge, car ils étaient tous maçons ; je désirais ardemment faire partie de l'un de ces deux ordres, je jugeai que

[1] C'est celui qui se suicida en 1814. Il était alors colonel de la gendarmerie de Paris.

l'instant était favorable, je fis une demande que j'adressai à MM. de Pavetti et de Vaxoncourt, ils l'accueillirent avec bonté, et me promirent de faire pour moi tout ce qui serait en leur pouvoir ; je ne tardai pas à voir s'accomplir les espérances qu'ils m'avaient données. Le 24 juin 1812, je fus initié aux mystères des maçons et je reçus au bout de quelque temps le grade de maître.

Aussitôt après mon initiation, je me rappelai que les signes de reconnaissance m'avaient été faits plusieurs fois par un des enseignes de marine avec lequel je m'étais lié assez intimement. M. Arbareri, enseigne dans la marine italienne, m'avait plusieurs fois fait entendre que si je pouvais obtenir d'aller au cantonnement, je pourrais jouir de certains avantages qui pourraient servir à mon avancement. Je pensai alors qu'en effet les liens qui unissent les membres d'un ordre devaient nécessairement engager ceux qui occupaient un rang supérieur dans la société à contribuer à l'avancement de leurs frères. J'étais membre de la nouvelle loge de Portchester, pour laquelle M. de Pavetti avait reçu des lettres patentes de la M. loge d'Odiham; mais je désirais encore devenir chevalier du nouvel ordre du L =[1]. Cependant, craignant d'abuser des bontés qu'on avait eues

---

[1] L'ordre du Lion étant une société secrète n'est désignée dans les mémoires que par ce signe : =

pour moi, je contins mes désirs et gardai le silence.

Quelque temps après le départ du colonel, chevalier de Pavetti et du chef de bataillon de Vaxoncourt, M. Magny, capitaine, qui était à Portchester depuis quelques mois où il attendait le départ d'un convoi de blessés incurables pour repasser en France, m'apprit qu'en quittant notre prison, ces messieurs m'avaient recommandé à lui particulièrement. Comme je n'ignorais pas qu'il était chevalier du L= et qu'on disait même qu'il avait des pouvoirs étendus pour l'initiation, je crus comprendre qu'il était disposé à m'accorder ce que je désirais. Je lui fis une visite pour le remercier, nous nous entretîmes longtemps ensemble : il me dit que depuis longtemps il savait que je désirais être agrégé à l'ordre du L=, qu'il se trouvait beaucoup de sous-officiers qui avaient la même ambition mais qui ne l'obtiendraient pas, attendu que d'après les statuts on ne devait y admettre que des officiers à l'exception de sous-officiers que M. le commandeur-chevalier Pavetti avait désignés, et qu'il considérait d'avance comme officiers. Quelques jours après je fus reçu chevalier.

Je ne songeai plus alors qu'à mériter par un travail assidu les égards qu'on avait eus pour moi; l'étude des mathématiques devint ma principale occupation. Je commençai le cours avec un jeune homme qui ainsi que moi venait d'être agrégé à l'ordre du L=. Nous fîmes des progrès assez rapides;

nous avions choisi pour nous démontrer un chef de timonnerie, excellent mathématicien. Mon compagnon d'études se nommait Lajchannière, ainsi que moi il habitait le théâtre, non qu'il jouât la comédie mais parce qu'il y avait tous ses amis. Nous étions devenus intimes, sans cesse occupés ou de nos leçons ou formant des plans pour l'avenir; nous nous promenions toujours seuls dans la petite cour du château afin de ne pas être distraits. Souvent, donnant carrière à notre imagination, nous nous trouvions placés au faîte des honneurs, distingués par le souverain qui, pour prix d'un service signalé, répandait sur nous ses faveurs et nous attachait à sa personne.

Rien, selon nous ne pouvait nous empêcher de parvenir si nous avions le bonheur d'être rendus à la liberté. L'espoir de conquérir ce bien si précieux avait lui dans nos cœurs, nous désirions avec ardeur pouvoir mettre à exécution des projets d'évasion dont le plan, savamment combiné ne tendait pas moins qu'à délivrer tous les Français prisonniers et forcer l'Angleterre à se soumettre aux conditions qu'il plairait à la France de lui imposer. 70.000 Français qui se trouvaient alors en Angleterre étaient plus que suffisants pour réussir dans une semblable entreprise, sur un pays dégarni totalement de troupes de ligne, et dont toute la force consistait en quelques régiments de milice. D'ailleurs, la guerre que nous prétendions y faire n'aurait été qu'une guerre de partisans ; nous aurions évité tout engagement sérieux ; harceler les forces qu'on aurait mises à notre poursuite et nous borner à agir sur les villages et les bourgs pour nous procurer des vivres, prendre de bonnes dispositions pour établir nos bivouacs, éviter les grandes villes, telle eût été notre tactique ; les armes et les munitions ne pouvaient nous manquer avec de l'audace. Portchester seulement nous fournissait 800 fusils et deux pièces de canon. Nous étions 7.000 Français, c'était autant qu'il en fallait pour aller enlever Forton-prison où il y en avait au moins 3.000 et dont nous n'étions éloignés que de deux lieues. Ainsi l'on voit qu'en moins d'une heure 10.000 hommes étaient réunis, en supposant que ce fût Portchester qui donnât le signal de la révolte. Mais il fallait pour faire réussir un pareil projet être assuré que la France était prête à profiter de la circonstance et que les troupes du camp de Boulogne pourraient au moins faire une diversion en occupant les forces maritimes que l'Angleterre avait dans la Manche.

Mais la levée du camp de Boulogne qu'on fit dans ce moment pour renforcer la grande armée vint rompre toutes nos prévisions. Des succès des armées françaises dans le Nord allaient dépendre nos destinées, aussi dès cet instant ne songeâmes nous plus qu'à faire des vœux pour que le ciel protégeât nos projets.

Le théâtre était devenu pour moi une occupation secondaire; j'en faisais moins un travail qu'une récréation, cependant je jouais encore souvent. Un événement affreux arrivé dans la prison pensa m'en dégoûter pour toujours. Se croyant désigné dans une pièce que nous avions jouée, un nommé Tardif, tua de plusieurs coups de poignard, un maréchal des logis du 10ᵉ dragons.

Il ne témoigna aucun regret de son crime et ajouta que son projet était d'assassiner les autres acteurs de la pièce.

Les prisonniers demandèrent à l'agent de permettre que le corps du défunt fut enterré avec cérémonie dans le cimetière des Anglais.

Comme la coutume d'Angleterre est de conserver les corps huit jours avant de les déposer dans la terre, les prisonniers s'occupèrent pendant ce temps de la manière dont ils rendraient les derniers devoirs à l'homme qui avait été constamment l'objet de leur estime. Les sous-officiers s'empressèrent de faire une collecte pour subvenir aux frais que pouvait nécessiter la cérémonie. La société théâtrale ne voulut point être étrangère à cet acte d'humanité; elle donna une représentation extraordinaire au bénéfice de la veuve et des enfants qui avaient été si cruellement privés d'un époux et d'un père, on donna *Robert, chef de brigands* et une autre pièce. L'acteur chargé du rôle de Robert prononça l'oraison funèbre de celui que chacun regrettait si vivement.

Vers le mois de juillet suivant, par arrêt de la cour de justice criminelle séante à Winchester, le nommé Tardif, assassin du malheureux Legay, fut condamné à la peine de mort. Son arrêt fût exécuté dans l'intérieur de la prison, d'après la demande qui en avait été faite par l'agent commandant; il mourut sans témoigner de repentir; son corps fût mis à la disposition du chirurgien qu'il l'avait acheté, car, en Angleterre, les condamnés ont le droit de disposer de leur personne, et le scélérat ayant dépensé dans sa prison tout l'argent qu'il y avait apporté, s'était vendu la veille du jour de son supplice pour le prix d'une demi-guinée (10 francs de notre monnaie).

J'avais, pendant mon séjour au théâtre, pris des leçons de musique vocale et j'étais arrivé à déchiffrer assez passablement un air pour apprendre moi-même ceux qui se trouvaient dans mes rôles et qui m'étaient inconnus, mais je désirais jouer d'un instrument. Le violon fût celui que je choisis; j'en fis faire un par un soldat qui, sans être luthier, s'était mis en tête de faire de cette sorte d'instruments et avait très bien réussi. Pour la somme de quatre francs je fus monté, et le premier violon de la Comédie, M. Gourdet eut la complaisance de me donner des leçons qu'il me continua malgré que j'eusse quitté le théâtre.

Les papiers publics nous avaient fait connaître le désastre de la campagne de Moscou, la défection des troupes de la confédération du Rhin, la retraite de l'empereur Napoléon et l'entrée des troupes ennemies sur notre territoire. Nous fûmes longtemps avant de pouvoir ajouter foi à ces nouvelles. Nous pensions d'après l'expérience que nous avions faite de la perfidie du cabinet britannique, que tous ces bruits qu'ils se plaisaient à nous annoncer pouvaient bien être leur ouvrage, et qu'ils ne les répandaient parmi nous que dans l'intention de connaître s'il existait deux partis parmi les Français, afin de les mettre en opposition. Ces nouvelles auxquelles nous ne pouvions croire, loin d'exciter entre nous la moindre division, ne servirent qu'à faire manifester davantage l'amour que les prisonniers français portaient à leur Patrie et au héros qui après l'avoir sauvée de l'anarchie révolutionnaire, les avait tant de fois conduits à la victoire. La cocarde nationale que les prisonniers ne portaient plus depuis longtemps à cause du costume grotesque dont on les avait affublés, fut arborée généralement. Du carton peint, des morceaux de drap, tout fut employé dans cette occasion, ceux même qui n'avaient point de coiffures ceignaient leur tête d'un mouchoir ou d'une bande pour y attacher ce signe d'union et de fidélité ; toutes les fenêtres, lucarnes, jusqu'aux moindres trous faits aux cases par les prisonniers, furent spontanément garnis de petits drapeaux tricolores, de légendes qui faisaient connaître aux Anglais d'une manière non équivoque l'opinion qui nous animait. — Un jour un capitaine anglais en grand uniforme entra dans la prison, portant une cocarde blanche à son chapeau. A peine cette couleur qui n'était point la couleur de sa nation et que nous étions loin de présumer devoir être un jour celle de la nôtre, puisqu'elle avait été repoussée par l'immense majorité des Français, fût-elle aperçue que les prisonniers poussèrent mille cris d'indignation, et bientôt aux huées succéda une grêle de pierres sous laquelle cet impertinent officier aurait infailliblement succombé si l'agent, que les prisonniers respectaient autant pour ses mérites que pour son grade, n'était arrivé aussitôt le protéger en le prenant sous le bras et l'accompagnant à la porte de la prison où il le quitta, après lui avoir fait connaître le blâme qu'il donnait à sa conduite.

Nous restâmes encore quelque temps sans pouvoir nous persuader que tout ce qu'on nous annonçait chaque jour était véritable. Nous ne voulions même plus voir les papiers publics que nous ne considérions plus que comme des feuilles mensongères, puisqu'elles ne nous apprenaient chaque jour que de nouveaux désastres ; tant il est vrai que nous croyions la France invincible avec Napoléon. Enfin le jour de Pâques de l'année 1814, l'agent commandant la prison nous annonça officiellement de la part de son Gouvernement, qu'il venait d'être conclu un traité qui replaçait Louis XVIII sur le trône de France et que bientôt nous serions rendus à notre patrie. La joie que nous inspira la certitude de notre prochain retour l'emporta sur la tristesse que nous faisaient éprouver les revers de la France; l'espoir d'embrasser bientôt des parents chéris et desquels nous étions éloignés depuis si longtemps, fit taire un instant notre douleur, mais bientôt l'amour de la Patrie reprit ses droits, et les maux dont nous pressentions qu'elle allait être accablée semblaient par avance se faire ressentir dans tous les cœurs des prisonniers.

L'on ne tarda pas à nous annoncer l'arrivée d'un général français chargé par le gouvernement provisoire d'annoncer aux prisonniers que le frère de Louis XVI allait remonter sur le trône, qu'avaient autrefois occupé ses ancêtres. L'agent commandant la prison engagea les prisonniers à arborer sur la tour des signaux le pavillon blanc comme étant celui sous lequel nous devions combattre désormais; les prisonniers jurèrent de ne jamais le faire. Une députation lui fut envoyée, elle était chargée de lui faire connaître l'opinion des prisonniers français à cet égard, en lui représentant que ce n'était pas à des prisonniers qu'il appartenait d'arborer, sur un bâtiment dans lequel ils étaient détenus, aucun pavillon de quelque couleur qu'il fût, qu'il était libre de faire ce qu'il jugerait à propos, mais qu'il pouvait compter qu'aucun Français ne se chargerait d'une telle commission. Après avoir de nouveau représenté aux prisonniers qui étaient allés vers lui que ce n'était que dans leur intérêt qu'il les engageait à faire cette démarche, l'agent leur demanda seulement que trois d'entre eux lui donnassent par écrit leur consentement et qu'il se chargeait lui-même de le faire arborer par des Anglais; il reçut pour toute réponse qu'il était le maître de faire ce qu'il croirait convenable, mais qu'il n'aurait pas plus de consentement que d'hommes pour exécuter sa proposition. L'agent, voyant qu'il ne pouvait rien obtenir, congédia la députation et une heure après, il fit hisser par un soldat anglais le pavillon blanc sur la tour de la prison. Il est à remarquer que malgré le déplaisir que faisait éprouver aux prisonniers la vue de ce pavillon, on n'entendit pas le moindre murmure; il semblait que la consternation répandue généralement parmi eux avait suspendu l'effet de tout autre sentiment. Cependant l'annonce qu'on leur fit pour le lendemain de l'arrivée du général français, le contre-amiral Troude, les tira de leur apathie. Les hommes les plus exaspérés voulaient qu'il fût lapidé en entrant dans la prison; d'autres plus modérés bornaient leur désir à ce qu'il fut salué du nom de traître à sa Patrie, attendu, disaient-ils, que comme certains généraux qui avaient dernièrement livré leur armée et trahi leur bienfaiteur, il était certain que cet officier avait aussi livré sa flotte aux Anglais, parce que sans un pareil crime, il n'aurait pu mériter la confiance du nouveau gouvernement; les hommes les plus raisonnables se réunirent et rédigèrent à la hâte une adresse aux prisonniers, dans laquelle ils les exhortaient à ne donner aucun signe d'improbation au discours qui leur serait adressé le lendemain par le général Troude; ils ajoutaient qu'il ne fallait pas se prononcer trop légèrement sur la conduite d'un officier général qui, dans différentes occasions, avait donné mille preuves d'attachement à la France et dont le courage ne pouvait être révoqué en doute.

On s'efforça de faire entendre à la multitude, la voix de la raison, en leur exposant que tout ce qu'ils feraient, ne pouvant changer les événements ne pouvait que retarder notre départ de l'Angleterre et qu'il était donc de toute nécessité de garder le plus profond silence dans la circonstance. Chacun se rendit à ces sages avis et le calme le plus parfait régna dès lors dans la prison.

Le lendemain vers les dix heures du matin, le son de la caisse annonça l'arrivée du général. La garnison se mit sous les armes, les tambours battirent aux champs, et bientôt on vit paraître cet officier entouré de ses aides de camp et de plusieurs officiers anglais. Il salua les prisonniers et s'avança entre les palissades jusqu'à la porte. Au moment d'entrer, un de ses aides de camp parut l'engager à ne point se hasarder au milieu de sept mille hommes qu'on lui avait peints comme sept mille furieux, et pour lesquels sa personne ne serait peut-être point sacrée. — « Je n'ai rien à redouter au milieu de mes anciens compagnons d'armes, ne sont-ce point des soldats et des matelots français! répondit le général, restez ici, messieurs. » Il dit, et franchissaat le seuil de la porte, il entre avec assurance au milieu des prisonniers qui se séparent spontanément pour lui ouvrir un passage.

Les paroles du général avaient été entendues, et cette marque de confiance avaient inspiré du respect pour cet envoyé du gouvernement.

Le général cherche des yeux l'endroit où le sol paraît le plus élevé, les prisonniers devinent sa pensée et le lui indiquent. Bientôt il y est arrivé et le plus profond silence règne aussitôt dans cette cour où se trouvent réunis plus de sept mille hommes.

Le général prend la parole et dit :

« Mes amis, mes camarades, je viens vous annoncer que vous allez bientôt rentrer dans votre Patrie, dans vos familles. Enfin je vous annonce la Paix. »

« Vive la Paix ! » s'écrièrent aussitôt tous les prisonniers.

Le général, saisissant la pensée des prisonniers, reprit la parole : — « Oui, mes amis, dit-il, vive la paix ! »

puis il ajouta : « Je suis on ne peut plus satisfait de l'accueil que je reçois de vous et je ne puis mieux vous en témoigner ma satisfaction qu'en vous assurant que vous serez les premiers qui mettront le pied sur le sol français. »

Les cris mille fois répétés de « Vive la paix ! vive l'amiral Troude ! » couvrirent la voix du général qui, les larmes aux yeux, alla rejoindre ses aides de camp auxquels il dit : — « Vous le voyez, messieurs, ils sont toujours Français !

Le général Troude se rendit immédiatement à l'hôpital, il salua les malades du mot de : « Vive la paix ! » il les engagea à se soigner afin de pouvoir jouir du bonheur général, puis il se retira en assurant les prisonniers de sa vive satisfaction.

Le lendemain il visita les pontons dits prisons flottantes ; il n'y reçut pas le même accueil, car son embarcation s'étant approchée de l'un d'eux, à l'instant où ce général se disposait à y monter, on lui lança par-dessus le bord, un énorme panier rempli d'ordures sous le poids duquel il eût été écrasé si, heureusement, il ne s'était rangé pour éviter le coup. L'amiral se retira et les prisonniers qui se trouvaient sur ce ponton furent les derniers qui quittèrent l'Angleterre.

Nous ne tardâmes pas à éprouver l'effet des promesses du général. Vers le 15 mai, on commença l'évacuation de la prison de Portchester. Chaque fois que je voyais partir des prisonniers, j'éprouvais un sentiment que je ne saurai définir ; quelquefois je craignais de ne point voir arriver le jour de ma délivrance, et qu'une rupture entre les gouvernements vint tout à coup nous replonger dans les fers. Heureusement mes craintes étaient mal fondées, car le 20 mai je fus appelé ainsi qu'une partie des sous-officiers de la 1re légion et du 121e, pour être mis à bord d'un bâtiment à destination de Saint-Malo. L'agent commandant la prison, sachant que, parmi les prisonniers, il s'en trouvait une certaine quantité natifs de cette ville, voulut doubler la somme de leur bonheur en leur procurant celui d'embrasser leurs parents en mettant le pied sur le sol natal ; cette idée ne pouvait naître que d'une belle âme et je dois dire à la louange du capitaine W. Lock, qu'il aurait désiré faire jouir tous les prisonniers d'une aussi grande félicité.

Que d'émotion j'éprouvai quand je m'entendis nommer, avec quelle précipitation je répondis à cet appel si longtemps désiré ! Je fis la remise des effets appartenant au gouvernement anglais, puis ayant salué et remercié le commandant de la prison, je dirigeai mes pas vers la Porte-d'eau. A peine avais-je franchi le seuil de cette porte qu'il me semblait que je respirais un air plus pur. Je pouvais à peine croire à tant de bonheur. J'aperçus bientôt l'embarcation qui devait nous transporter à bord du vaisseau. Je volai plutôt que je ne courus vers elle; bientôt elle fut remplie de prisonniers. Une petite voile fut élevée et un vent frais en la gonflant nous éloignait enfin des murs de notre prison.

Les tours du château de Portchester se confondirent bientôt avec les brouillards qui couvraient la côte; nous passâmes au milieu des pontons de la rade et nous ne tardâmes pas à découvrir le navire qui devait nous transporter en France. Le vent nous favorisait; en peu de temps nous arrivâmes à son bord. C'était à qui monterait le premier; il semblait que là seulement nous allions commencer à jouir de la liberté. Je montai à mon tour et trouvai l'officier de santé du bâtiment appuyé contre un canon et faisant à chacun des prisonniers le signe des M.·. Je répondis à ce signe; charmé de rencontrer un F.·., il me tendit la main, m'embrassa et me demanda, moitié français moitié anglais, s'il se trouvait parmi nous plusieurs enfants d'Hiram. Je lui appris que j'étais seul parmi ceux qui devaient composer le bâtiment; il me fit alors descendre dans la chambre qu'il occupait et m'annonça que je n'en aurais point d'autre et que je partagerais aussi sa table si toutefois cela me plaisait; l'offre était trop agréable et faite avec trop de franchise pour que je pusse la refuser. J'acceptai donc avec reconnaissance et m'installai. Il fit dresser un cadre (lit suspendu plus commode que les hamacs) et le fit garnir de matelas excellents; le lit fut prêt en un instant. Nous causâmes un peu en attendant le déjeuner qu'un mousse ne tarda pas à servir; il était abondant en viande rôtie surtout; nous bûmes du vin et du rhum. Nous fûmes bientôt distraits par le bruit que nous entendîmes sur le pont, c'étaient les ancres qu'on levait, le vaisseau s'ébranla et nous fîmes route pour la France.

Le malheur qui depuis longtemps me poursuivait semblait ne pas vouloir m'abandonner encore, le vent tourna et nous devint contraire; la mer se fit houleuse; nous ne parvînmes à doubler l'île de Wight qu'en courant des bordées ; le soir arriva et le capitaine se décida à mouiller une ancre plutôt que de s'aventurer par le mauvais temps. A la pointe du jour on remit à la voile, le vent ne cessait pas de nous être contraire; un événement inattendu, mais qui heureusement ne se vérifia pas, faillit mettre le comble à notre infortune. On cria des hunes : « Navire vent à nous! » Le capitaine prit aussitôt ses longues-vues et crut reconnaître un navire américain. Les deux nations anglaise et américaine étaient alors en guerre. Le capitaine donna aussitôt l'ordre de branle-bas général de combat; des batteries semblables à celles des fusils de munition furent aussitôt adaptées aux lumières des caronades; des sabres, des haches et des pistolets furent distribués aux matelots anglais; trois caisses remplies de ces mêmes armes furent placées sur le pont pour être données aux soldats français qui se trouvaient à bord et qui, d'après l'alliance conclue entre les deux puissances, devaient faire cause commune. Toutes ces dispositions furent inutiles, le navire ne continua pas la même route, heureusement pour nous, car nous n'étions pas en état de lui résister, ce bâtiment ayant été jugé devoir être une forte frégate, et notre navire n'étant qu'un simple bâtiment marchand, seulement armé pour se défendre contre des corsaires.

Après trois jours d'une navigation assez pénible, nous arrivâmes près de l'île de Jersey, où le capitaine descendit pour des affaires particulières ; il y resta quelques heures après lesquelles il revint à bord, il en rapporta des provisions aux divers officiers de son équipage, notre table s'en ressentit ; nous eûmes du pain frais, de la crème et diverses autres denrées ; mais malgré l'abondance des mets, leur variété et tous les soins de mon bon docteur, je fus constamment indisposé par le mal de mer Je ne crois pas qu'il soit possible d'éprouver plus de souffrances que j'en ressentis par les vomissements continuels ; mes entrailles semblaient s'arracher par les efforts que j'étais obligé de faire, à peine pouvais-je, tant j'étais affaibli, me soutenir ; pendant cinq jours que dura notre traversée, je fus constamment tourmenté de ce mal et je ne doute pas que je n'y eusse succombé sans l'attention qu'avait de me faire manger fréquemment l'officier de santé dont j'ai parlé ci-dessus ; enfin après avoir relâché encore à notre grand déplaisir, à l'île de Guernesey, nous entrâmes dans la baie qui se trouve entre Saint-Malo et Saint-Servan, le 25 mai, à deux heures après midi.

On jeta l'ancre et le commandant du navire, ayant fait mettre une embarcation à la mer, alla prévenir les autorités de l'arrivée des prisonniers français. Le rivage fut bientôt couvert d'habitants qui nous saluèrent de leurs cris de joie. Nous attendions impatiemment le retour du commandant ; il arriva enfin, et nous apporta la triste nouvelle que le débarquement ne pourrait avoir lieu que le lendemain, M. le commissaire des guerres se trouvant dans l'impossibilité de se déranger pour causes d'affaires ; mais comme tout se sait, nous apprîmes bientôt que les affaires si pressantes de M. le commissaire des guerres consistaient en un grand dîner suivi d'un concert et d'un bal. On se doute bien de la contrariété que fit éprouver à chacun des prisonniers l'annonce de cette nouvelle et de quelles malédictions M. le commissaire fut l'objet ; mais ceux que ce contretemps chagrina davantage furent les militaires et marins, nés à Saint-Malo et à Saint-Servan, qui se voyaient à une portée de fusil de la maison paternelle. Le rivage se couvrit bientôt des parents et amis de ces prisonniers qui avaient bientôt appris que le navire mouillé dans le port était chargé de soldats pour la plupart de la ville de Saint-Malo ou des environs. La baie se trouva presque aussitôt couverte d'embarcations; plusieurs de mes camarades reconnurent à leur approche, leur père ou leur mère, d'autres une épouse, un frère ou une sœur; ils croyaient être au moment heureux de presser contre leur cœur ces êtres chéris, quand le bâtiment stationnaire fit signal à ces embarcations de s'éloigner promptement, s'ils ne voulaient pas s'exposer à recevoir une décharge de mousqueterie. Force leur fut d'obéir à cet ordre sévère; des larmes coulèrent de part et d'autre, mais il fallut se résigner à attendre le lendemain.

Le 26 mai, avant que le soleil fut sur l'horizon, les prisonniers étaient montés sur le pont du vaisseau et attendaient que quelque embarcation apportât l'ordre de débarquement, mais M. le commissaire était loin d'éprouver la même impatience. Mollement étendu sur le duvet, il se reposait des fatigues de la nuit; ce ne fut que sur les neuf heures qu'il se réveilla et se rappela que nous étions en rade. Il se détermina enfin à venir nous recevoir. On se peindra difficilement notre joie quand nous le reconnûmes dans son embarcation. Malgré tous les motifs que nous avions de nous plaindre de lui, il semblait à nos yeux un ange libérateur. Son embarcation arriva à bord du navire sur lequel se trouvait l'officier anglais chargé de la conduite du convoi de prisonniers. Aussitôt le signal fut donné de laisser approcher les chaloupes de tous les bâtiments; chacun s'y précipita. Mon brave officier de santé voulut avant de quitter le bord me faire déjeuner. Ce digne F∴, cet homme généreux, non content de m'avoir accablé de bontés pendant toute la traversée, voulut encore, avant que je ne me séparasse de lui me donner un nouveau témoignage de sa libéralité; il m'offrit de prendre dans sa bourse ce que je jugerais devoir m'être nécessaire pour me rendre à ma destination. Je le remerciai de cette nouvelle preuve d'amitié fraternelle, autant qu'il fut en mon pouvoir de le faire, car, dans une pareille situation, la reconnaissance est bien plus facile à sentir qu'à exprimer; de plus, on sait que je ne pouvais me faire comprendre en anglais, n'ayant point étudié cette langue; mais je me défendis de rien accepter, quoique, pour ménager ma délicatesse, il m'ait fait comprendre que ce n'était qu'à titre de prêt qu'il me faisait cette offre et que je lui ferais tenir cet argent quand je serais de retour à mon régiment ou dans ma famille. Il voulut insister mais je tins ferme et il dut céder. Le moment de nous séparer arriva, je ne me séparai pas de ce bon frère — l'ordre qui nous liait l'un à l'autre me donnait le droit de le traiter ainsi — sans le presser contre mon cœur ; il descendit dans l'embarcation et ne la quitta que lorsqu'elle s'éloigna, pour remonter à son bord. Enfin, il ne nous fut plus possible de nous distinguer ; notre chaloupe ne tarda pas à toucher le rivage. Quand nous eûmes mis pied à terre, chacun de nous adressa du plus profond de son cœur une action de grâce à l'Etre-Suprême et comme, par un mouvement spontané, moi et plusieurs de mes camarades, nous nous prosternâmes et baisâmes le sol sacré de la patrie.

C'est à Saint-Servan, près Saint-Malo que je débarquai le 26 mai 1814, à dix heures du matin. Nous passâmes la revue du commissaire des guerres qui forma des détachements par régiments, après quoi on nous distribua des billets de logement. Nous séjournâmes à Saint-Servan. Comme on peut le croire, je restai au logis le moins qu'il me fût possible. Après avoir fait un peu de toilette, car ma garde-robe était alors assez bien fournie, je sortis pour visiter les divers quartiers de Saint-Servan. Le lendemain j'allai à Saint-Malo qui n'est pas à plus d'une portée de canon. Je fis visite dans cette ville au père d'un sergent de ma compagnie nommé Riquet qui était décédé à Cabrera. C'était pour remplir les dernières intentions de ce sous-officier que je faisais cette démarche. Il m'avait prié, avant de mourir, d'informer sa famille de son décès s'il succombait à sa maladie. Cette commission était fort pénible à remplir, je m'en acquittai cependant, mais je fus assez surpris en voyant qu'ils voulaient me persuader que ce pauvre garçon n'était pas mort. Ils avaient disaient-ils, pris des informations dans les dépôts du régiment et on leur avait dit qu'il était possible que leur enfant fut encore existant.

Je dus tâcher de les désabuser, mais quand je vis leur obstination à vouloir espérer son retour, je pris le parti de me retirer. Je parcourus Saint-Malo ; c'est je crois la plus laide ville que j'aie jamais vue. Ce qu'elle a de plus beau, c'est, je pourrais dire, tout ce qui n'est pas dans ses murs, car c'est l'extérieur vu du côté de la mer.

L. F., G.

FIN

TABLE DES MATIÈRES

Avant-Propos. 1

I. Départ. — De Paris à Lille. — Étapes. — *Soliman II*, au village. — De Lille à Saint-Jean-de-Luz. 11

II. En Espagne. — Chez l'habitant. — Incidents. — Burgos. — Valladolid. — Projets de mariage. — Ségovie. — Madrid. — Aranjuez. — Hostilité. — Combats. 37

III. Tolède. — Maladie. — Dans la Sierra-Morena. — Combats. — A Baylen 73

IV. Baylen (*suite*), combat. — Capitulation. — Cruauté des Espagnols pour les prisonniers. 101

V. Teba. — Suite d'aventures. — Offres de prendre du service en Espagne. — Nouvelles cruautés. — Xérès. 135

VI. Départ. — L'embarquement. — Les pontons de Cadix. — Horreur de notre situation. — La maladie et la faim nous déciment. — Départ pour Cabrera. — Tempête 159

TABLE DES MATIÈRES

VII. Cabrera. — Installation. — Désespoir. — Condamnés à mourir de faim. — Évasion des marins de la garde. 195

VIII. La barque au pain. — Famine. — L'agonie et la mort du plus grand nombre. — Lueur d'espoir. — Départ comme prisonniers des Anglais. — Portchester 231

IX. Le théâtre. — L'ordre du Lion. — Projets de soulèvement. — Liberté. — Arrivée sur la terre française. 265

ÉVREUX, IMPRIMERIE DE CHARLES HÉRISSEY

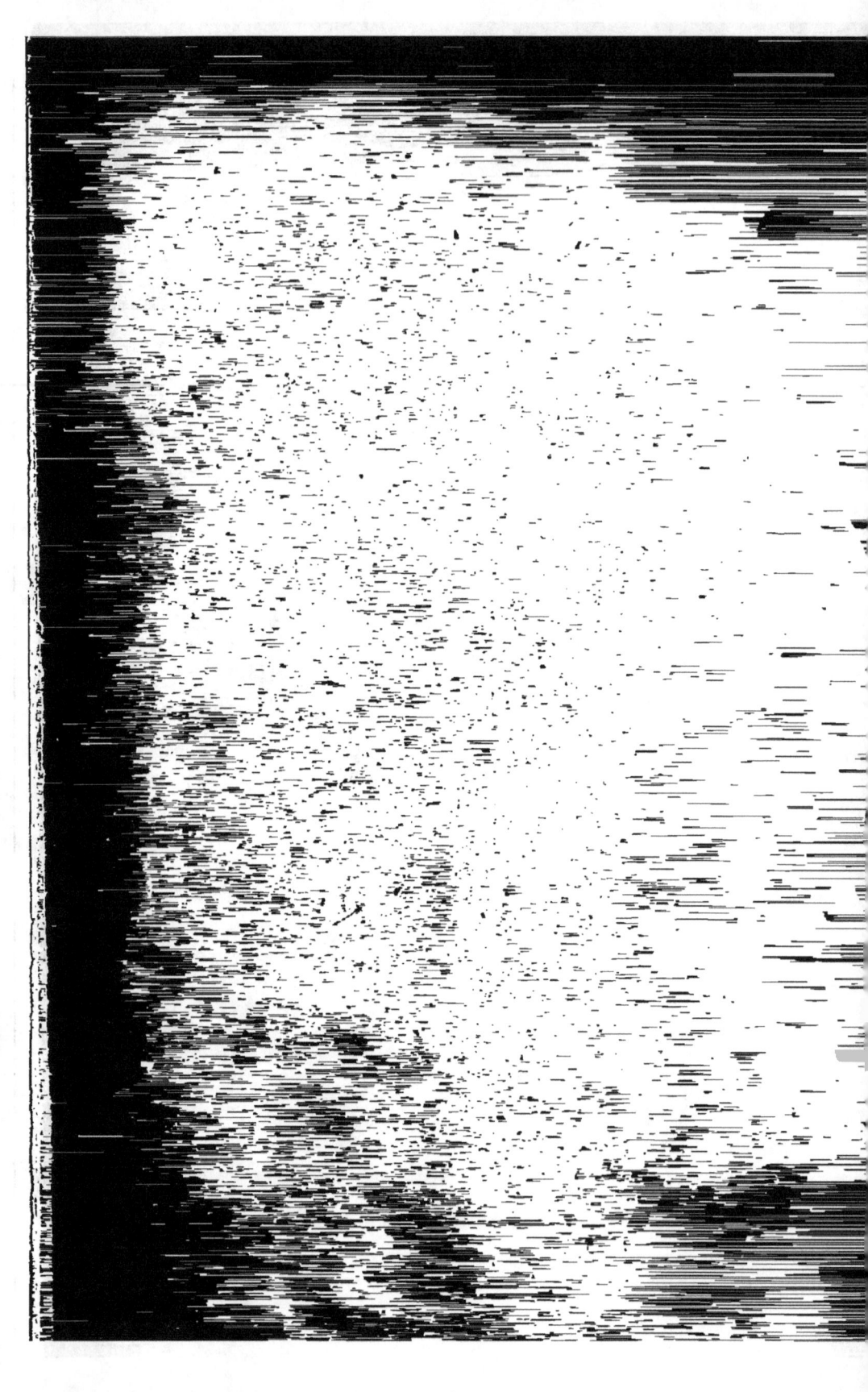

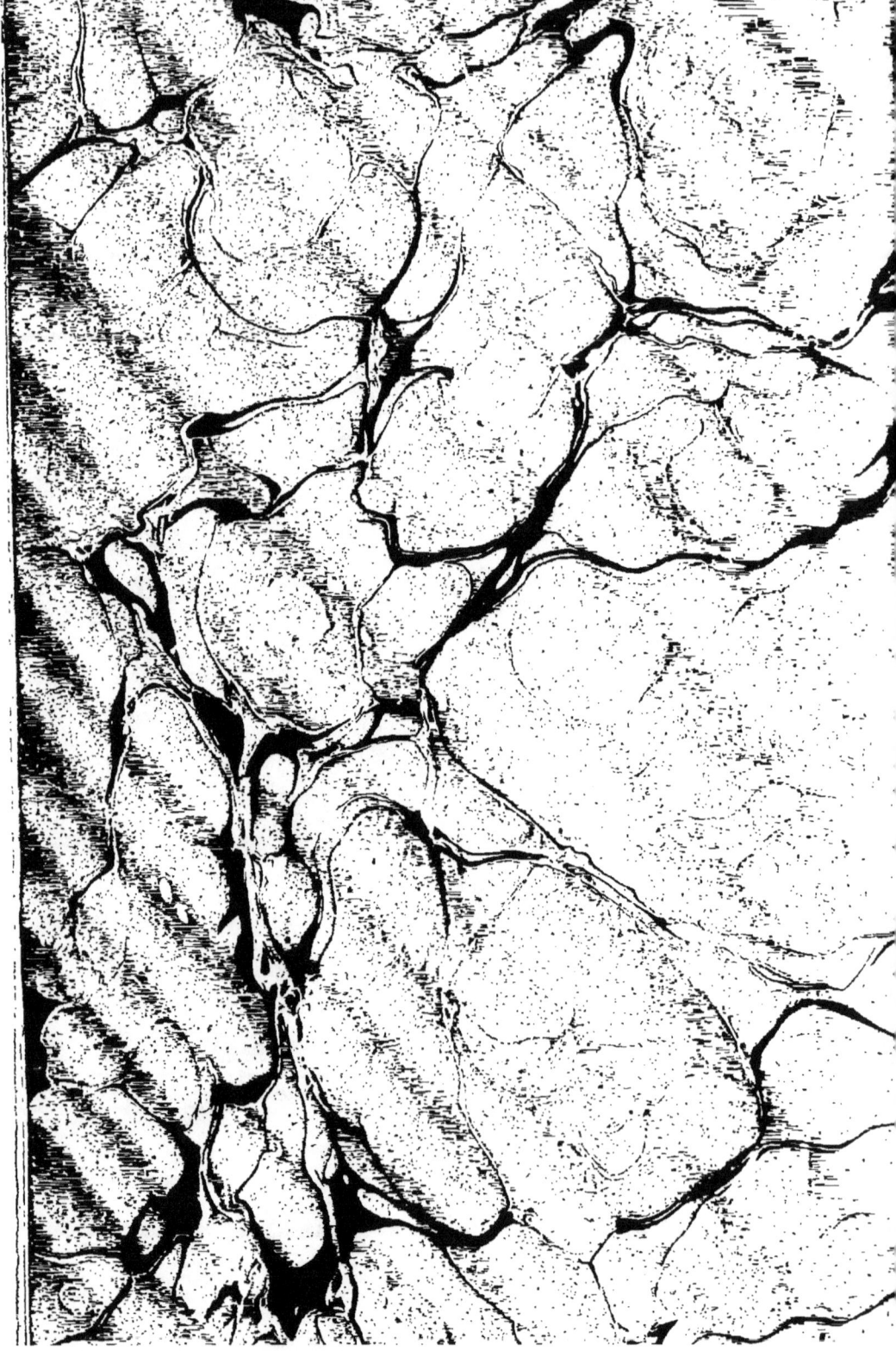

www.ingramcontent.com/pod-product-compliance
Lightning Source LLC
Chambersburg PA
CBHW071336150426
43191CB00007B/754